广东大观博物馆藏

春秋战国铜镜

广东大观博物馆藏春秋战国铜镜

丁方忠 史晚晴 著

广西师范大学出版社
GUANGXI NORMAL UNIVERSITY PRESS
·桂林·

GUANGDONG DAGUAN BOWUGUAN CANG CHUNQIU ZHANGUO TONGJING

项目统筹：鲁朝阳
责任编辑：鲁朝阳
责任校对：杨蕙瑜
营销编辑：黄婷婷
责任技编：王增元
书籍设计：徐俊霞
王玲芳［广大迅风艺术］

图书在版编目（CIP）数据

广东大观博物馆藏春秋战国铜镜 / 丁方忠，史晚晴著. --桂林：广西师范大学出版社，2022.9
ISBN 978-7-5598-5103-1

Ⅰ. ①广… Ⅱ. ①丁… ②史… Ⅲ. ①古镜－铜器(考古)－中国－图集 Ⅳ. ①K875.22

中国版本图书馆 CIP 数据核字（2022）第 101736 号

广西师范大学出版社出版发行
（广西桂林市五里店路 9 号 邮政编码：541004
网址：http://www.bbtpress.com）
出版人：黄轩庄
全国新华书店经销
广西昭泰子隆彩印有限责任公司印刷
（南宁市友爱南路 39 号 邮政编码：530001）
开本：670 mm × 889 mm 1/8
印张：25.5 字数：169 千字
2022 年 9 月第 1 版 2022 年 9 月第 1 次印刷
定价：288.00 元

前言

风靡云蒸的春秋战国铜镜

春秋时期是中国由奴隶制度向封建制度过渡的重要时期，而战国则是中国古代封建制度全面确立的时期，两种制度的替代和革命，必然引发整个社会生产力的解放和进步。上层统治阶级内部统治方式的转化，使整个社会从思想意识到生活习俗都有了翻天覆地的变化，青铜工艺摆脱了只为王公贵族服务的高贵身份，日用青铜器开始迅速发展起来，进而带动了铜镜制作工艺的发展。春秋战国时期青铜镜制作工艺上的进步，使铜镜的设计制作一扫前期稚拙朴素的风格，展现出青铜工艺的新面貌。

春秋战国时期在中国古代铜镜发展史中是一个成熟和大发展的时期。此时的铜镜在夏、商、西周时期的基础上，获得了全面发展。无论是铜镜的铸造工艺，还是铸造的数量，都极大超过了以前。齐家文化时期至西周时期，铜镜以光素无纹者居多，有纹饰者也以几何纹为主。春秋战国以降，铜镜纹饰题材开始异常丰富，并且出现了一些特殊工艺技法，如涂朱绘彩、复合透雕、镶嵌等。早前简拙古朴的铜镜风格，经过春秋战国时期的纹饰创新和工艺修饰已臻精美绝伦的境地。特别是战国时期，中国社会处于剧烈变革的时代，生产力得到了迅速的发展，文化艺术空前繁荣。此时，商周以来青铜器中占主导地位、具有等级象征意义的礼乐之器逐渐衰落了，而铜镜作为起源于神权礼器的一类工艺品，由于逐渐贴近了贵族阶层的日常生活，而在思想文化艺术大繁荣的背景下得到了空前的发展。在经济发展和人本主义思想的冲击下，“学在官府”“器在官府”的格局随之改变。时至战国时期，铜镜至少在统治阶层中已经作为实用器物普遍使用了，并以与社会、阶层、家庭、个人生活密切相关的实用价值和艺术价值，成为当时社会大解放和思想大解放的优良产物，显示出欣欣向荣的精神面貌。古文献中就有许多关于战国时期使用铜镜的记载，如《韩非子·观行》说“古之人目短于自见，故以镜观面”，《楚辞·九辩》“今修饰而窥镜兮”，《战国策·齐策》记邹忌“朝服衣冠，窥镜”。

一、春秋战国铜镜概况

目前确切可据的春秋铜镜发现尚少，且基本模仿商周青铜器的纹饰布局，虽受旧传统的影响颇深，但不少纹饰都为适应铜镜的特点而重新设计，既不失商周青铜器装饰艺术的特征，也形成了全新而独特的艺术风格。主纹见有龙纹、瑞兽纹等，有时作顶视形象布置。辅纹于商周青铜器上可见，通常可作为地纹、纹饰界栏或填于主纹内进行装饰，常见有绳纹、贝纹、粟粒纹、斜线纹等。

战国时期铜镜数量显著增加，特别是战国中晚期的铜镜数量呈井喷式发展。我国出土战国铜镜最多的区域，是湖南长沙和安徽寿县一带，当时均属楚地，所以又称“楚式镜”。其他如四川、陕西、山西、河北乃至地处东北的吉林等地，都有战国铜镜出土，可见战国时期铜镜的铸造和使用已很普遍。

战国铜镜种类繁多，材质皆为由铜、锡、铅按一定比例配置而成的青铜。战国时期的铜镜在纹饰表现方面，以几何纹、植物纹、动物纹为主。最常见的主题纹饰为山字纹，此外还有花叶纹、兽纹、龙纹、凤鸟纹、连弧纹、雷纹等。从工艺上说，战国镜铸造精美细腻，许多铜镜有繁密的地纹，地纹上又有层层叠叠的图案，多者可达三层工艺。地纹主要有羽状纹、云雷纹、粟粒纹等，极尽工巧之能事。战国镜的图案丰富多彩，尤其是其龙凤纹镜、瑞兽纹镜，想象丰富大胆，龙凤及瑞兽灵动活泼，充满生命的张力及浪漫气息，在很大程度上体现了春秋战国时“百花齐放、百家争鸣”的思想繁荣局面。以本书所录之蟠龙（凤）纹镜为例，龙或凤身躯蟠绕，勾连交错，或与几何纹、或与植物纹有机地融为一体，配以羽状纹、云雷纹等地纹的映衬，显得繁富瑰丽又神秘诡幻；而蟠龙纹镜则将飞舞的祥龙与柔蔓的植物枝条、花蕾、燕尾及抽象的几何纹饰巧妙地融为一体，赋予僵硬、机械的几何纹以生命，乍看花团锦簇、精美绝伦，细看则祥龙、花草、几何纹饰等有机地融为一体，珠联璧合，丝丝入扣，体现出一种神秘的气息。又如本书所录菱纹间隔三蟠龙纹镜、分区式瑞兽三龙持栏纹镜等，其纹饰组合至今让人捉摸不透。在奇幻诡谲的楚地浪漫主义思潮的影响下，此时的铜镜纹饰奇丽精美，充满了浪漫美感，总体上显示出一种惊采绝艳、神秘奇幻的艺术风格。战国时期铜镜的特种工艺，采用诸如透雕、镶嵌等工艺达到了中国铜镜制作的顶峰。

二、春秋战国铜镜的地域划分

战国时期有齐、楚、燕、韩、赵、魏、秦七雄，它们各据一方。按照战国时代文化分区，两周地区范围大体即黄河中游地区；燕国有今河北大部及辽东的一部分；楚国在长江中游地区，江汉平原至洞庭湖区域；秦国在泾渭流域、关中地区。楚国可能是当时铸镜业最重要的中心，主要有素镜、弦纹镜、山字纹镜、花叶纹镜、曲折雷纹镜、连弧纹镜、连弧龙（凤）纹镜、祥云纹镜、瑞兽纹镜、羽状纹镜、几何纹镜等。秦国主要有素镜、弦纹镜，秦统一后又有龙凤纹镜和狩猎纹镜。三晋地区主要有素镜、瑞兽纹镜、狩猎纹镜。齐国有龙凤纹镜及嵌松石镜等特种工艺镜。巴蜀地区有弦纹镜、羽状纹镜。此外东北地区有三钮或四钮的多钮镜。

三、春秋战国铜镜简介及纹饰特点

铜镜简介多为圆形，也有少数方形镜；一般铜镜直径在 100 ～ 200 毫米之间，本书所录部分战国铜镜在此常规数值之外；厚度一般在 1 ～ 8 毫米之间。战国铜镜早期至晚期的一般发展规律是：直径由小到大，厚度由薄到厚。

镜钮主要有弦纹钮、桥形钮、镂空钮及动物形钮。弦纹钮是战国铜镜的重要特征之一，它的形式为桥形钮背上饰一至四道凸起的弦纹。镂空钮的上部是圆柱状鼻钮，下部为倒扣置半圆形镂空花纹钮座，这种钮制也是战国所独有的。而本书所录的伏兽钮蟠凤纹镜、伏兽钮四蟠龙纹镜分别为龙纹钮和伏兽钮等动物形钮，十分罕见。此外三蟠龙纹镜桥形钮上饰有类似眼睛的纹饰，首见于战国铜镜镜钮。

除素镜、多钮镜等少数镜类无钮座外，其余皆有钮座。钮座一般为圆形或方形，战国晚期出现了柿蒂纹和连弧纹等钮座纹饰。

镜缘则主要有两种形式，一种是平缘，又分素平缘（如本书所录贝纹边饰交龙纹镜）和内向连弧纹平缘（如本书所录三龙纹镜）。另一种是素卷缘，又分低卷缘和高卷缘。

纹饰方面，春秋铜镜风格厚重，战国铜镜则轻灵，但纹饰明显地追求繁缛。纹饰大多布满镜背主题纹饰区，并多采用浅浮雕、罕见的透空雕等技法处理。一般都铸有精细的地纹，地纹主要有云雷纹、羽状纹等。这时期一些特殊工艺开始用于镜背纹饰，如彩绘、镶嵌、复合透雕（如本书所录复合镂空镶嵌几何纹镜）等。

四、春秋战国铜镜铸造特点

春秋战国时期，我国劳动人民对铜合金的性能与合金成分的关系就有了一个定量的认识，并且工匠已掌握了一整套高锡青铜热处理的工艺，但这成就过去鲜为世人所知，也是在人们对古镜进行了大量科学考察后才被清楚地揭示出来。人们最初用水照容，冶金术发明出来以后，方才有了铜镜。我国铜镜目前始见于齐家文化时期，千年来，人们的社会生产和社会生活都发生了许多的变化，铜镜的简介和制作工艺也留下了许多时代的印迹，这也使大多数铜镜具有明显的时代特征。铜镜研究不但可帮助我们了解我国古代金属技术的伟大成就，而且可帮助人们对一些古代遗址、遗物进行断代，进而了解各时代的社会风貌。铜镜虽小，但它的合金技术、铸造技术、热处理和表面处理技术等，都闪烁着这个时期金属技术的光辉。这个时期冶铜技术的发展还不甚均衡，造成各地区铜镜的简介和质量往往有一定差别。一般来说，楚镜的质量是较好的，体轻肉薄，背纹丰富明晰；三晋、燕、齐一带的也较精良；关中一带有的则较厚重。辽宁、吉林一带出土一种多钮镜，质量一般较差。

春秋战国是我国古代社会大变革的重要阶段，此时青铜技术中也产生了许多重大的变化。由于礼乐崩溃，一些形式呆板、千篇一律的王室之器逐渐衰落，而造型新颖、轻便实用的日用器却迅速兴起。铸钱业、铸镜业、铸剑业，以及镂、镶、错、鎏等金属工艺都获得了较大发展。尤其体现在铸镜业和铸剑业，人们把商、西周以来获得的青铜铸造和加工方面的多种技能倾注其中，使之在较大程度上反映了此期青铜工艺的先进水平。著名的“六齐”合金规律也是在这时产生出来的。

在研究此期铜业发展状况时，有两点很值得我们注意，一是此期有关典籍中出现了许多关于南方产铜的记载，如《诗经·鲁颂·泮水》说“大赂南金”，《禹贡》记载扬州“厥贡惟金三品”，荆州“厥贡羽、毛、齿、革，惟金三品”；二是湖北大冶铜绿山、江西瑞昌、皖南、湖南麻阳等地，都发现了规模较大的采矿或冶铸铜遗址。此期铜镜产地至少有四处：一是今湖南长沙，有大量铜镜出土可证；二是今辽宁、吉林一带，有多钮镜为证；三是今山西侯马，出有春秋战国镜范；四是今河北易县，出有战国镜范。

五、春秋战国时期铜镜繁荣发展的原因分析

进入春秋战国，诸多铜镜仿佛从某种看不见的束缚中冲决而出，形成了百花齐放、空前繁荣的局面。从数量上来说，迄今发现的战国铜镜数不胜数，在工艺质量上达到了空前的水平。许多铜镜堪称精美绝伦，令人叹为观止。目前学术界、收藏界一般认为春秋战国铜镜能够取得大的发展，主要原因是：其一，青铜冶铸技术进步；其二，经过商周以来的发展至战国时期，铜镜的合金比例已趋于科学和稳定，大大提高了实用效果。我们认为这种说法只是从铸造工艺角度去分析原因。而要明晰在四千年铜镜发展史中春秋战国时期铜镜迅速发展与流行的原因，还必须结合当时的政治、经济、文化、科技等众多的时代背景因素去综合审视，才能获知其根本原因。笔者以为春秋战国铜镜能够取得极大的发展，其根本原因就是社会政治大变革和经济的繁荣促进了市场的变化、市场需求的变化。这其中包括市场文化的变化、市场思想的变化。思想文化是政治、经济在意识形态领域的反映，因此，其繁荣离不开政治、经济方面的因素。春秋战国时期，经济的发展，推动了科学技术的进步；社会的变革，促成了思想的空前活跃和文化艺术的繁荣。两者相结合促进了铜镜市场的发展，市场的发展迫使铜镜铸造业面临变革、面临创新，以适应铜镜市场需求的发展变化。

春秋战国时期，周王朝“王权式微”，很多小的诸侯、士大夫都拥有很大的权力，封建社会在这个时期开始萌芽，贵族们都开始像诸侯王乃至周王那样追求奢华的生活，因此，精美的物件就很有市场，享乐主义思潮的奢靡之风投映在铜镜上，将铜镜制作得繁富绮丽，极尽人间欢悦，极大地满足了贵族们的奢欲。“百家争鸣”的思想大解放，生产关系的改变，奴隶制的逐步废除，使人第一次成为独立的真正意义上的“人”，与此相适应，为人服务的诸多器物也开始大量出现。对于铜镜的大量需求便在这样的背景下应运而生。虽然那时大量的铜镜是铸造给王公贵族使用的，但铜镜还是从真正意义上走进了人的范畴。垄断的界限一经打破，市场的力量便会充分发挥作用。那时候的诸侯贵族皆富可敌国，大家都用大价钱来购买铜镜，或者花大成本去制作铜镜。做这些精美铜镜的工匠不全是奴隶，还有专门从事铜镜生产的平民，这些平民迎合贵族追求华美的喜好去生产精美绝伦的铜镜，进行买卖贸易，去追逐更高的收益，铜镜的供求关系就形成了市场，这样的市场决定了铜镜不仅数量上大井喷，而且在精致程度上也发生了质的

变化，许多精美绝伦的铜镜被工匠们制作出来，供贵族们使用。同时，这个时期是一个文化大发展大繁荣的时代，文化的繁荣促进了艺术的大发展，在艺术大繁荣的背景下，更多的艺术题材也在铜镜上惟妙惟肖地表现出来了。如此一来，艺术的力量也就推动了铜镜发展的第一个高峰期的出现。

春秋战国是我国历史上空前动荡和急剧变革的时期，也是思想格外活跃的时期，这种局面不仅带来科学技术和生产力的进步，也造就思想领域和文学艺术上百家争鸣、百花齐放的繁荣景象。从铜镜可以看出这一时期人们想象力和创造力都突破了传统礼制对艺术思维的束缚而得以极大地解放。在构思奇巧大胆、构图生动活泼和刻画繁缛精细上都达到极高的水平，在许多方面甚至达到空前绝后的程度。

目录

春秋至战国早期铜镜：万象更生

目前确切可据的春秋铜镜发现尚少，且基本模仿商周青铜器的纹饰布局，虽受旧传统的影响颇深，但不少纹饰都为适应铜镜的特点而重新设计，既不失商周青铜器装饰艺术的特征，也形成了全新而独特的艺术风格。

本书所录均为中原地区三晋风格铜镜，可从中窥见晋国在此期国势之强盛，其背后支撑的力量是源自气候回暖、农作物生产丰富、经济力强大的社会现实，这些因素促使文化充满自信走向巅峰。主纹大胆运用春秋以来已衰亡的纹饰，见有单体形态及呈现方式各异的龙纹等，独具匠心地重新布局，有时作顶视形象布置。辅纹亦于商周青铜器上可见，通常可作为地纹、纹饰界栏或填于主纹内进行装饰，常见有绳纹、贝纹、粟粒纹、斜线纹等。

随着旧有礼制的逐渐瓦解，三晋地区青铜器进入中国古代青铜艺术的“文艺复兴期”，源自商代的纹饰题材大量出现，在吸收商文化纹饰之外，亦融合殷商匠人敬畏严谨的制器之心，至战国早期，铜镜已追赶上了青铜器的发展步伐，正式开启了战国铜镜巧卓精良的新篇章。

交龙纹阳燧镜

春秋

直径 77 毫米　厚 5 毫米　重 142 克

简介

圆形，双弦钮，圆素平面钮座。钮座外饰有六瓣莲瓣纹，其外以一周连续S形勾连云纹为间隔。粟粒纹地，主题纹饰为交龙纹，共十二条龙，六正六反交错环绕，短角长颚，龙身饰有斜线纹。主纹遍布“，”形凹槽，在当时主要用于镶嵌宝石（多为绿松石），均已脱落。此类留有嵌槽的交龙纹，可见于在春秋晚期山西侯马铸铜遗址出的陶范上[1]，同类纹饰亦常见于同期三晋地区青铜器。同类纹饰的铜镜于1965年山西长治分水岭M126曾有出土[2]，亦可见于1980年河北平山县三汲古城岗北村M8011[3]。此件阳燧镜线条明确，均衡协调，凸显了华丽风格与时代精神，应诞生于晋国在春秋晚期国势最为强盛的时期。

艺术风格

此阳燧镜厚重古朴，具有春秋时期晋国的风格，在春秋晚期山西侯马铸铜遗址共出有13块此类阳燧范和模，皆预留用于镶嵌的“，”形凹槽[4]。其模皆为整块、阳纹，应为整范整模复印，即先用木料、陶片或金属等制成整个镜背图纹的模子，后再在一个造型框内用夯填法复印，只需一次操作便可得到一块完整的镜背范[5]。而设置钮孔的泥芯须在镜背范制出后即放入，钮和钮孔的大小、钮孔的设置方法，都是很有讲究的，在此有一点须指出的是，“夯填法”在古代金属铸造型过程中具有十分重要的意义，许多铜铁铸范都是使用此法制成的，否则很难获得清晰的棱角和花纹[6]。该方法应是我国古代镜范制作常用之法，但亦有不足处，即制模较为麻烦，且会生产出多个同形镜。有人认为，日本飞鸟、奈良时代曾使用过实物铜镜为模来进行翻铸，这实际上就是一种整范整模复印。

［1］　山西省考古研究所：《侯马铸铜遗址》，文物出版社，1993年，第174页。

［2］　边成修：《山西长治分水岭126号墓发掘简报》，《文物》1972年第4期。

［3］　河北省文物研究所：《历代铜镜纹饰》，河北美术出版社，1996年，第10页图2。

［4］　山西省考古研究所：《侯马铸铜遗址》，文物出版社，1993年，第177页图90。

［5］　何堂坤：《中国古代铜镜的技术研究》，紫禁城出版社，1999年，第112页。

［6］　何堂坤：《中国古代铜镜的技术研究》，紫禁城出版社，1999年，第114页。

山西侯马铸铜遗址出土阳燧范Ⅱ T31F13:21　春秋晚期

山西侯马铸铜遗址出土陶范Ⅱ T12 ③ :4　春秋晚期

交龙纹鼎细部纹饰　春秋晚期至战国早期　原件藏于上海博物馆

阳燧镜主纹交龙纹为晋系青铜器的常用纹饰，《仪礼·觐礼》记载："乘墨车，载龙旂、弧韣[1]，乃朝以瑞玉……"郑玄注："交龙为旂，诸侯之所建。"《周礼·春官·司常》亦载："王建大常，诸侯建旂。"郑玄注："诸侯画交龙，一象其升朝，一象其下复也。"又《释名·释兵》："交龙为旂。旂，倚也。画作两龙相依倚也。"据此，交龙的形象是一上一下，下者升上，上者下覆，两体交缠，称为交龙。所以交龙纹指的是两条或两条以上龙的躯干相互交缠的纹饰，逐渐发展成为各种极为复杂的形式。交龙纹盛行于春秋战国时期，结构分为单体接连式和多体组合式。单体接连式中，两龙共用一个躯干，龙头向相反的方向转折，多呈"Z"或"S"字型，每两龙的躯干有规律地排列，组成连续图案，一般填充在长方形的空间中，类似二方连续；多体组合式中，多条龙有规律地向同一方向交缠连接，也有甚多的龙体交缠在一起，呈多叠式，类似四方连续。单体构图较显方正，在侯马铸铜遗址亦出有大量此类纹饰的陶范[2]，亦具有嵌槽。

交龙纹常见于鼎等青铜器的器身，如春秋晚期至战国早期的交龙纹鼎[3]，盖面、器腹均饰交龙纹，龙角竖起，尾部向两侧展开，体躯盘曲，盖面交龙纹安排为疏密不等的放射形，腹部交龙纹较整齐。以双龙合为∽形，交龙躯干粗大，内填以几何纹，极具晋系特色。

交龙纹亦见于尊等器身，如传1915年出于山西太原的春秋晚期子乍弄鸟尊，其胸腹即以大面积交龙纹作为装饰，华美无比，精细异常。此种交龙纹可看作鼎盛期晋国的精神象征。

此件阳燧镜辅纹为S形勾连云纹（作纹饰界栏），亦为三晋地区的常用纹饰，一般作为单独的纹饰带，常见饰于青铜器的器颈或圈足等部位，或填于主纹内作为装饰。如本馆所藏春秋战国蟠螭纹青铜敦，即是在蟠螭纹内填以S形勾连云纹和斜角云纹，使之跃然生动。此类云纹商代中期至西周时期流行，春秋时期仍见。殷商早期青铜器的纹饰以云纹为主，或许以之代表龙纹。云纹还可能与饕餮纹有关，青铜器上最早所见的饕餮纹即是在云纹上加上双目。勾连云纹作为云纹的一种，或许为龙纹或饕餮纹的省变形式[4]。

［1］ "旂"本意是古代的一种带铃铛的旗帜，上面有龙的图案。弧韣为张旌旗正幅的竹弓和弓衣。

［2］ 山西省考古研究所：《侯马铸铜遗址》，文物出版社，1993年，第212页图108。

［3］ 参见陈佩芬：《夏商周青铜器研究·东周篇（下）》，上海古籍出版社，2004年，第291页。

［4］ 朱凤瀚：《中国青铜器综论》，上海古籍出版社，2009年，第594页。

子乍弄鸟尊　春秋晚期　美国华盛顿弗利尔美术馆藏

S 形勾连云纹

蟠螭纹青铜敦　春秋战国　广东大观博物馆藏

广东大观博物馆藏阳燧镜钮座外所示六瓣莲瓣纹，应是模仿自青铜器器盖的顶视形象，如河南汲县山彪镇春秋晚期至战国早期M1所出鼎之器盖[1]、山西长治分水岭战国早期M126所出豆的捉手部位[2]等。莲瓣纹应源自莲瓣造型青铜器，演变规律是：西周晚期梁其铜方壶器盖边沿出现10个下大上小的梯形花瓣，源头是宗周地区的波曲纹，是其半镂空简介的再现[3]，这种形态一直延续到春秋早期的曾仲斿父铜方壶，铜壶器盖莲瓣正式定型，铜圆壶器盖边沿也出现莲瓣纹。春秋时期莲瓣盖从中原地区继续向四周扩散，春秋中期，以河南新郑莲鹤铜方壶为代表，达到极盛，盖沿双层莲瓣，工艺制作最为精致。春秋晚期开始，铜豆和铜簋器盖中央出现莲瓣纹，到战国时期，仿铜陶壶、簋、豆器盖中央出现莲瓣纹，铜器盖的莲瓣造型捉手数量减少，但这仅是昙花一现。战国中期以后，无论是青铜器还是陶器、漆器，这种器盖的莲瓣捉手或器身莲瓣装饰均已消失。莲瓣纹的位置变化规律是：莲瓣的位置在春秋早期位于器盖的边缘，春秋中期有的器盖开始向中心移动。到战国早期，莲瓣纹基本位于器盖中心。到战国中期，莲瓣纹在器盖的位置出现多样化，除位于中心外，亦有位于口沿四周、外壁四周等[4]。

同类纹饰及相似布局的三晋地区铜镜见于山西长治分水岭战国早期M126，同样具有作环状配置的交龙纹，以及钮座外的六瓣莲瓣纹。类似交龙纹亦见于河北平山县三汲古城岗北村战国早期M8011所出镜。

［1］ 郭宝钧：《山彪镇与琉璃阁》，科学出版社，1959年，第46页。

［2］ 韩炳华、李勇：《长治分水岭东周墓地》，文物出版社，2010年，第300页。

［3］ 郝本性：《虢、郑、秦、蔡、黄等国青铜器概述》，《中国青铜器全集》，文物出版社，1998年，第1、3页。

［4］ 何志国：《先秦时期莲瓣造型流变及其含义》，《民族艺术》2013年第4期。

河南汲县山彪镇M1:49鼎盖
春秋晚期至战国早期

山西长治分水岭M126:277豆捉手盖
战国早期

莲鹤方壶　春秋中期

故宫博物院、河南博物院藏

曾伯斿父壶　春秋早期

中国国家博物馆、湖北省博物馆藏

梁其壶　西周晚期

陕西历史博物馆藏

山西长治分水岭 M126:233

战国早期

河北平山县三汲古城岗北村 M8011:29

战国早期

小议阳燧

阳燧，是中国古代取火的器具，又称“隧”“夫遂”“金燧”“火遂”“火镜”等，为一种利用反射聚焦太阳光而引火的青铜质凹面镜。阳燧对准太阳，太阳光经反射聚焦，将光辐射转变为热能用以取火[1]。

阳燧的起始年代，目前尚不得而知，古籍文献中阳燧的记载却甚多。《周礼·考工记》：“金锡半，谓之鉴、燧之齐。”郑注：“鉴、燧取水火于日月之器也，鉴亦镜也。”《周礼·秋官·司烜氏》载：“掌以夫遂取明火于日。”郑注：“夫遂，阳遂也。”《礼记·内则》：“子事父母，……左右佩用，左佩……金燧；右佩……木燧。”孔颖达疏：“皇氏云：晴则以金燧取火于日，阴则以木燧钻火也。”《论衡》《淮南子》《续汉书》《抱朴子》《旧唐书》等都有关于阳燧的记载。早在战国初期，墨家著作《墨经》中已正确地记述了平面镜、凹面镜、凸面镜的成像观察。这是世界上几何光学最早的有系统的记载。沈括在《梦溪笔谈》中，对这一原理做了更为详细的记载：“古人铸鉴，鉴大则平，鉴小则凸。凡鉴洼则照人面大，凸则照人面小。小鉴不能全观人面，故令微凸，收人面令小，则鉴虽小而能全纳人面。”

关于阳燧的铸造情况，东汉王充的《论衡》有所论述。其《率性篇》中说：“阳遂取火于天，五月丙午日中之时，消炼五石，铸以为器，磨砺生光，仰以向日，则火来至。”明确地记述了阳隧的铸造情况，即将铜锡等矿石冶炼成青铜，铸造出阳燧以后，还要“磨砺生光”，把器物的表面打磨得光滑明亮，使其对光的反射性能良好，方能“仰以向日，则火来至”。《淮南子·天文训》对阳燧取火的过程叙述十分具体：“阳隧见日则然而为火。”高诱注：“阳遂金也，取金杯无缘者执，日高三四丈时以向，持燥艾承之寸余，有顷焦之，吹之则然，得火。”《淮南子·说林训》又云：“若以隧取火，疏之则弗得，数之则弗中，正在疏数之间。”意思是说用阳燧取火时，引发火的艾绒放得离阳燧过远过近都不能得火，必须放在适中的地方方能发火。这段

[1] 范文谦：《阳燧考》，《文物季刊》1996年第1期。

话更强调了焦距这个取火中的关键问题。晋人崔豹在《古今注·杂注》里指明："阳燧以铜为之，形如镜。"到了北宋时代，沈括对阳燧取火的原理论述更加清晰明豁，他在《梦溪笔谈》中说："阳隧面洼，向日照之，光皆聚向内，离镜一二寸，光聚为一点，大如麻寂，著物则火发，此则腰鼓最细处也。"沈括在这里明确地指出了两点：一是阳燧不仅是形如镜，而且是凹面镜，只有凹面镜才能聚光；二是凹面镜向日照之,太阳光照到镜面上,反射回来的多束光线皆聚向凹面镜内，在离镜一二寸的地方形成了焦点，在焦点处才能引发火。沈括对凹面镜的聚光作用、取火原理讲得颇详实[1]。

阳燧与铜镜质量相同，不易损坏，但阳燧作为左右佩用之物，在田野考古工作中却鲜有发现，西周至春秋战国的早期阳燧多出土于墓葬，且主要集中在北方地区[2]。较早期的阳隧有1975年北京昌平白浮村西周木椁墓出土两件，直径分别为95毫米及99毫米，时代为西周早期。1972年陕西扶风王太川村出土一件，直径80毫米，时代为西周中晚期。20世纪50年代中期，河南陕县上村岭虢国墓出土一件，直径75毫米，同出有一件蟠螭纹扁圆形小铜罐，口沿和器盖两侧有穿孔，可以系绳，可能是随身携带用以盛艾绒，以备阳隧取火之用，断代为春秋早期。至春秋战国时期，阳燧作为取火工具得以普遍应用，这一方面理由是此期出土阳燧数量有所增加，另一方面是在侯马铸铜遗址中阳燧范和模的发现。以出土情况判断，阳燧可能专用于祭祀仪式，也可能属于日常生活用品，或两种功用并存。出土的大部分阳燧直径在70毫米到110毫米之间，这说明最初阳燧直径的选取应是受铜镜的影响。

阳燧是我国古代人们利用太阳能的一种生活用具，它虽然仅仅是一面简单的凹面铜镜，然而能够用来借日光取火，这其中包含了许多科学原理，如能量转化原理，在同一种物质中光的直线传播原理，光线的反射规律，焦距与焦点问题等。因此，阳燧的发明创造反映了古代劳动人民的聪明和智慧，是我国古代人民在科学技术方面对世界文明的重要贡献。

[1] 李东琬：《阳燧小考》，《自然科学史研究》1996年第4期。

[2] 杨军昌、段艳丽：《中国早期阳燧的几个问题》，《东南文化》2000年第8期。

贝纹边饰交龙纹镜

春秋战国

直径 100 毫米　厚 2 毫米　重 116 克

简介

圆形，桥形钮，圆钮座。粟粒纹地，主题纹饰为勾连交错的夔龙纹，共三条龙，回首张口，身有翼翅，昂首卷躯，躯中各攫一条小虺，虺头三角形、身纤细，牢牢困于龙爪中，与龙互相缠绕，以此为衬托，更现出龙威严凛然之态。主纹外饰有一周绳纹，最外饰有一周贝纹。1973 年山西长治长子县牛家坡 M7 出有一件镜 [1]，与此镜尺寸、纹饰几近相同；1987 年山西太原赵卿墓 M251 亦出有一件 [2]，除缺少一周贝纹外亦与其相同。以上两座墓葬墓主均为晋国贵族，故此镜应为三晋地区风格的铜镜，或为具有一定身份等级的贵族所专用。

［1］ 山西省考古研究所：《山西长子县东周墓》，《考古学报》1984 年第 4 期。

［2］ 山西省考古研究所、太原市文物管理委员会等：《太原晋国赵卿墓》，文物出版社，1996 年，第 130 页。

艺术风格

此件交龙纹镜，大胆运用春秋以来已衰亡的夔龙纹作为主纹，布置为交连的环状纹饰带，此种重现正反映出晋国晚期文化对中原传统文化的直接继承和弘扬。此镜充分体现了春秋晚期至战国早期晋国地区的装饰风格，龙纹风格清新灵秀，早期那种神秘色彩大为削弱，并突破了以往程式化的静态布局。在形象上，龙纹写实并充满了活力，威风凛凛，牢攫小虺，互相缠绕，整体画面显示出搏斗、挣扎的强烈动态感和韵律感，这种构图和形象所反映的正是春秋战国之交社会大变革、思想空前活跃的社会百态和感情，也是当时晋国强权争霸和弱肉强食的艺术写照。

此种环状主纹 + 绳纹 + 贝纹 + 粟粒纹的纹饰配置组合，以及双圈至三圈环绕式布局常见于晋国铜镜。

山西长治长子县牛家坡 M7:53　春秋战国之际

山西侯马铸铜遗址出土当卢陶范
春秋晚期

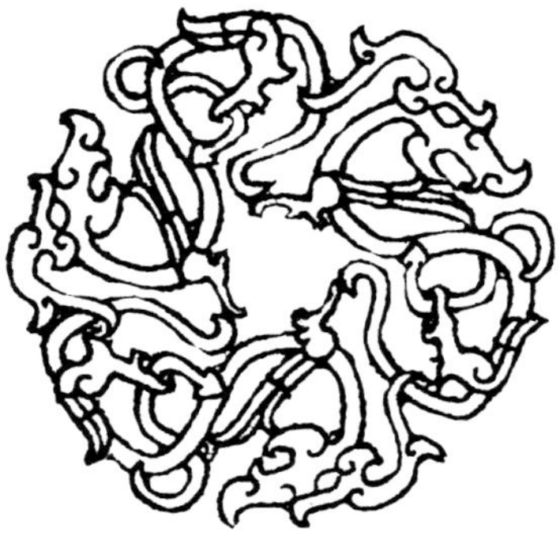

晋系环状交龙纹

山西太原赵卿墓 M251:400　春秋战国晚期

山西长治长子县牛家坡 M7:87
春秋战国之际

此件铜镜主纹独具特色，与阳燧镜方正敦厚的交龙纹不同，此类龙纹颀长灵秀，其蟠绕交连、作环状布置的形式，仅见于晋国地区圆形界面的青铜器上，显然为适应其特点而重新设计。除铜镜外，亦见于当卢等上，如侯马出土的当卢范[1]、长子县出土的当卢[2]等，通常流行于春秋中晚期至战国早期。

单体龙纹为夔龙纹，即一种龙的侧面形象，在商代中晚期及西周时期常见作为主纹饰于青铜器颈部，或作为辅纹饰于圈足上。春秋时期常见的此类单体夔龙纹，或爪中攫虺，或口中衔虺，以上举例的当卢纹饰亦均可见，此为晋国特有的纹饰主题，其特点是龙尖唇上卷，口大张，锋牙外露，攫虺或衔虺，耳根有弯曲的角形装饰，一般前后肢俱备，多生短翼。

［1］ 山西省考古研究所：《侯马陶范艺术》，普林斯敦大学出版社，1996 年，第 180 页，图 223。

［2］ 山西省考古研究所：《长子县东周墓》，《考古学报》1984 年 4 期。

夔龙攫虺纹　春秋晚期

山西侯马铸铜遗址出土陶范 II T81H126:47

山西太原赵卿墓出土编钟鼓部夔纹　春秋晚期

辅纹为绳纹，又称“绹纹”或“绹索纹”，其历史悠久，在新石器时期的陶器中就已出现。先民们最初可能只是将现实中的绳子围合在陶器的表面起到防滑或加固的作用，久而久之，被看作是一种约定俗成的装饰纹样，并广泛出现在陶器和青铜器中。

绳纹通常由一至四股绳相绞而成，约流行于春秋中期至战国早期。其中单股绳纹年代较早，约流行于春秋中期或较晚；双股绳纹约流行于春秋晚期至战国早期，表现绞缠的方式有紧有松，相绞较紧者年代较早，相绞较松者年代稍晚。绳纹在铜镜上多饰于主纹饰外缘，通常以一至两周纹饰带形式作为辅纹或纹饰界栏。此镜所饰绳纹为双股，每股由两条细线组成，相绞较松，年代约为春秋晚期至战国早期。

绳纹为晋国地区青铜器上常见纹饰，多单饰于器物口沿、圈足、耳部等部位，多作为辅纹，亦在少数器物中可见围以数匝绳纹为主纹。如本馆所藏春秋战国铺首衔环铜敦，器身光素，仅简洁雅致地饰以三周绳纹及一周贝纹，绳纹为双股，每股由四条细线组成，相绞较松。

双股紧绞绳纹

双股松绞绳纹

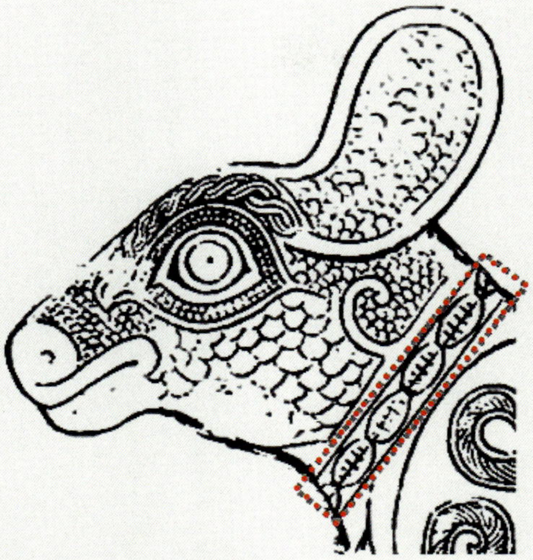

铜牺牲陶范（局部）　春秋晚期出土

山西侯马铸铜遗址Ⅱ T25H27：16

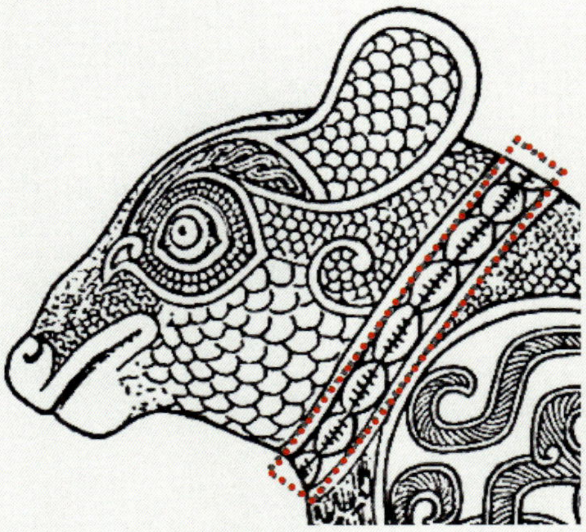

铜牺牲（局部）　春秋战国之际

山西长治分水岭 M126 出土

山西博物院藏

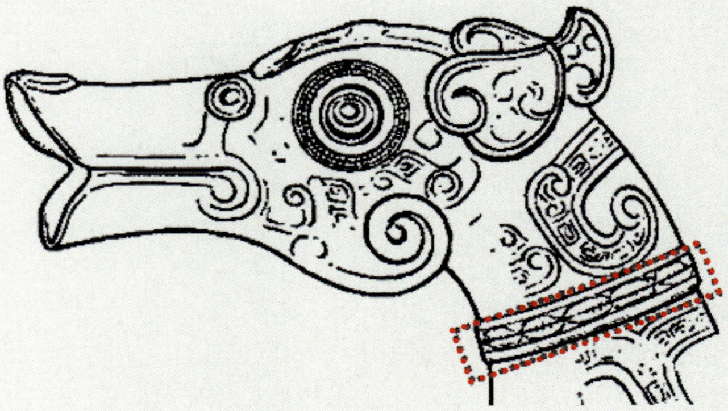

鸭尊（局部）　春秋战国之际

美国哈佛大学藏

动物造型器颈部的贝纹（图中圈示）

［1］ 李夏廷：《略谈晋国晚期青铜器动物纹》，《文物季刊》1990 年第 1 期。

［2］ 山西省考古研究所：《上马墓地》，文物出版社，1994 年，第 61 页。

此镜最外缘所饰贝纹，亦常见作为辅纹及纹饰界栏，与其他类纹饰相配合。贝纹流行于春秋晚期至战国早中期，作为纹饰带见于晋国地区鼎、豆等青铜器上，此外亦常见以贝纹施于动物造型器或动物纹颈部、腰部的做法，这大概与当时该地区用贝装饰家畜或家养动物的习俗有关[1]。此镜单体贝纹较为修长。

此件铜镜地纹为粟粒纹，即以密集的粟粒状小凸点构成的纹饰，在一些发掘报告中称其为“麻点纹”或“鱼籽纹”。粟料纹流行于春秋晚期，通常作为地纹，如山西侯马上马墓地出土的虺纹铜舟[2]；春秋晚期亦见有填于兽躯等主纹内作为装饰。粟粒纹是三晋铜镜上出现最多的纹饰，多为平铺式表现。

粟粒纹

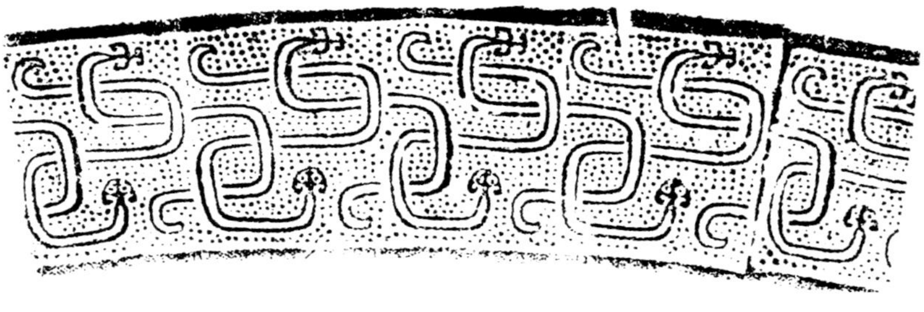

山西侯马上马墓地出土 M1026:7 虺纹铜舟纹饰　春秋晚期

从贝纹边饰交龙纹镜看晋国文化因素的交流融合

晋国是两周时期重要的诸侯国之一，春秋中晚期曾长期称霸中原，为当时雄踞黄河中游的北方头等强国。占据中原经济、文化中心地区的地理条件和本身固有的多元文化因素，使晋国晚期青铜文化形成以中原传统文化为主，兼具显著自身特色的晋系青铜文化。晋系青铜器在东周列国青铜器中数量极多，同时在质量、空间分布上也反映出晋国晚期雄厚的经济文化实力。

本馆所藏贝纹边饰交龙纹镜，作为晋系青铜文化的代表器物之一，华美精良，可从其纹饰配置中窥见晋国与多个文化因素来源地文化间的交流互动。此镜吸收融合了多种不同风格，再依据铜镜的特点而重新设计，形成晋国铜镜全新而独特的艺术风格。

一、周文化因素

周文化是构成此镜文化因素的重要部分，而其中又包含有部分已被周文化继承和发展的商文化因素。此种文化因素主要体现于单体夔纹的首部形象。夔纹流行于商代中晚期至西周时

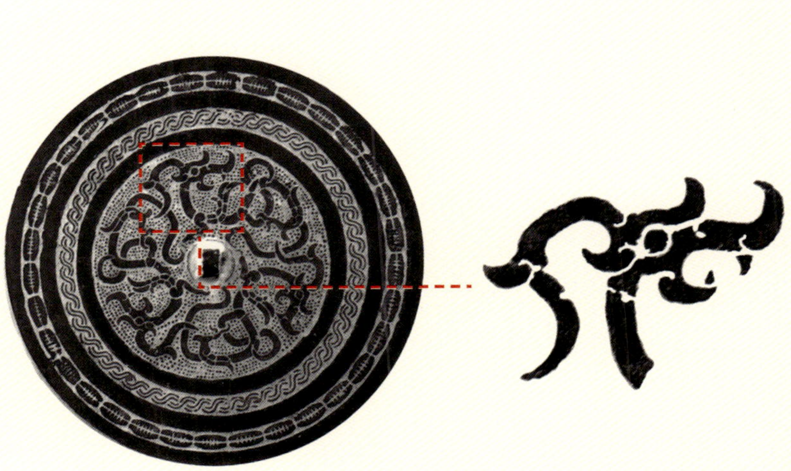

周文化龙首形态

期，具商文化特征，但主要由周文化继承和发展[1]。该夔纹仅龙首承袭原有形象，龙身已演化为全新形态，且为适应铜镜的圆形界面而设计成三条夔龙相互交连盘绕的环状纹饰。

平王东迁后，周文化在东周王城附近形成一个小文化圈，这个小文化圈虽受晋文化较大影响，但亦有一些明显的文化特征，在此镜中有所体现。

二、北方系文化因素

北方系文化是指北方系草原青铜文化，分布于中国北方长城沿线地区，该区域又处于整个欧亚大草原的东南边沿，是古代欧亚大陆草原游牧文化的重要组成部分，在不同时期，欧亚草原地带东西方的民族与文化都有不同程度的往来与交流[2]。此种文化因素主要体现于单元主纹“龙攫虺”的布置方式。在北方系文化中饰牌等器物的画面布置里，有一种独有的二元对立方式[3]，以两种动物构成相搏相食之态。这种方式与中原文化中讲求平衡对称的布置方式截然不同，彰显出北方系文化具有的强弱、生死的对立性关系，通常在虎、牛、鹿形象中有着集中的客观性体现。此镜中这种呈对峙关系的二元纹饰组合，打破了常规重复式的纹饰布置，或许是吸收了此种布置方式，并在此基础上创造而成，给予空间展现二元之间的动态感。“二元对立”中，以强悍凶猛的动物为主要形象，身形较大；以孱弱的动物为次要形象，身形较小，可衬托和展示主要形象的强大，

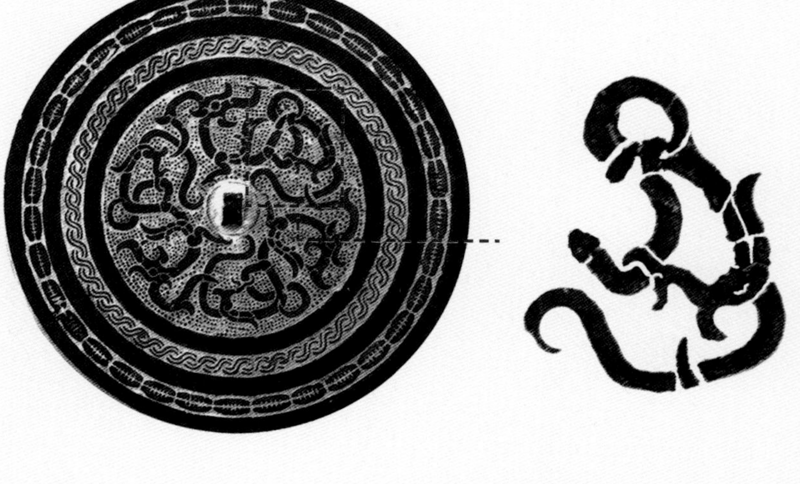

北方系文化龙攫虺表现形式

［1］ 朱凤瀚：《中国青铜器综论》，上海古籍出版社，2009年，第548页。

［2］ 杨建华：《春秋战国时期中国北方系文化带的形成》，文物出版社，2004年，第1页。

［3］ 二元对立：指相反的两方之间的关系纯然为对抗和对立，丝毫不存在统一和转化。参见汤惠生、张文华：《青海岩画：史前艺术中二元对立思维及其观念的研究》，科学出版社，2001年，第218页。

如春秋晚期晋系青铜器上的虎攫鹰、鹰践蛇等纹饰布置。此镜的每条单体夔龙爪中均攫有一条小虺，虺身纤细，牢牢困于龙爪中，以此为衬托，更体现出夔龙威严凛然之态。

东周时期，中国北方和蒙古高原等地区都先后进入了游牧时代，各地联系进一步加强，在长城沿线形成了中国北方系文化带。北方系文化因素已与本区各文化进行融合，共同形成全新的风格。

三、地中海文化因素

地中海文化是从公元前五千纪至公元前一世纪，在地中海域逐步形成环地中海文化圈，这个文化圈的中心首先是在地中海东部的西亚和埃及，而后西移雅典，再至罗马，经过希腊化和罗马帝国八百年的地中海域文化间的交融和碰撞，最终形成了地中海文化圈[1]。地中海文化应是经由北方草原“丝绸之路”的南道传入三晋地区，可体现于夔龙身上的写实羽翼纹。此种写实羽翅，与华夏上古造型中讲究均衡、对称、写意的传统做法大异其趣，同时也为晋国以外列国罕见，使该镜的龙纹有别于同期其他地区铜镜的龙纹形象。这类羽翼纹大量见于春秋中晚期以后晋国的青铜器上，如饕餮、龙凤甚至虎的躯体上。在地中海文化中，写实羽翼纹是一种常见的元素，如格里芬的双翼等。

[1] 陈村富：《地中海文化圈概念的界定及其意义》，《中国社会科学》2007年第1期。

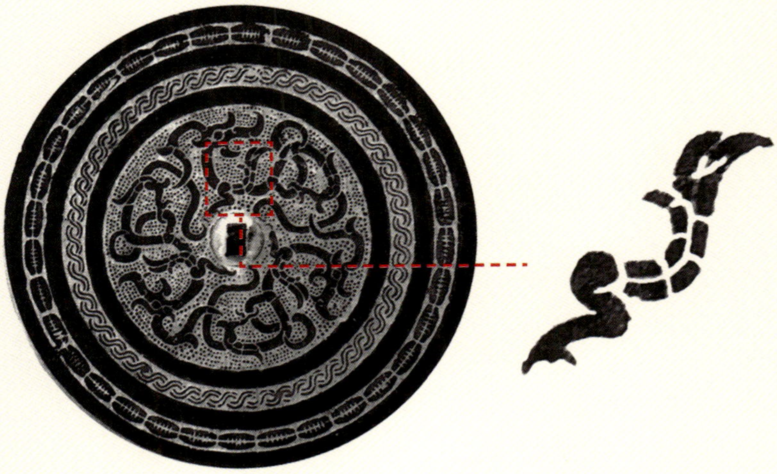

地中海文化写实羽翼纹

地中海文化因素经由北方草原地带传入三晋地区，与此区其他文化相融合，形成独有的装饰形式，从中可窥见春秋战国时期中西方文化的交流。

四、晋文化因素

晋文化即西周、春秋时期晋国，以及战国时期韩、赵、魏三国的考古学文化。晋文化是在吸收商文化、周文化、北方系文化等，进行再创造后形成的一种风格鲜明的文化。晋文化是构成此镜文化因素的主体部分，确立了此镜的基调为风格写实，构图相对疏朗，厚重富丽。晋文化体现在该镜的布局和纹饰组合方面。布局方面，此镜参照晋文化青铜器器盖，以及当卢等圆形器物界面，即双圈式纹饰布局，为晋国地区所独有。该布局即镜背中部一圈素带,将纹饰分为内外二区,是参照器盖而成，其内区可能是模仿捉手部分的顶视形象；而单体纹饰相互交绕、构成环状主纹的形式，或是参照当卢的布局而成。纹饰方面，此镜纹饰有诸多是晋文化青铜器上的常见纹饰，如贝纹、绳纹、粟粒纹等。

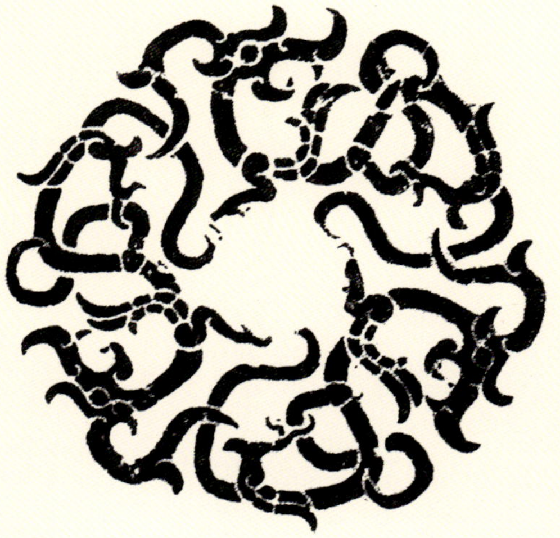

环状龙纹

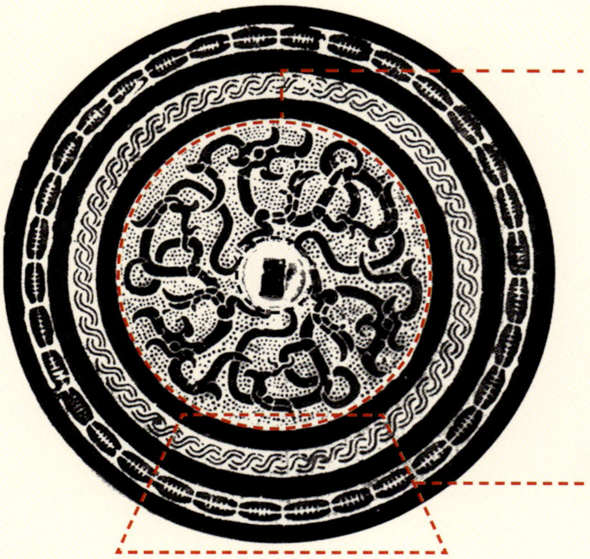

晋文化双圈式布局

贝纹、绳纹、粟粒纹组合

具有如此多元的文化，与晋国所处的地理环境有关。《周礼·夏官·职方氏》："河内（含今山西中南部）曰冀州……其利松柏……其畜宜牛、羊……并州（含今山西中北部）……其利布帛……其畜宜五扰。"郑玄注："五扰，马、牛、羊、犬、豕。"《左传·昭公十五年》："晋居深山，戎狄之与邻。"《襄公十四年》记载戎子驹支对范宣子说："惠公蠲其大德，谓我诸戎是四岳之裔胄也，毋是翦弃，赐我南鄙之田，狐狸所居，豺狼所嗥。我诸戎除翦其荆棘，驱其狐狸豺狼，以为先君不侵不叛之臣。"从这些记载可看出晋国自然地理环境和经济生活方式的一般面貌，当时植被丰厚、动物繁多，其自然景观和生态环境绝非今日情形可与之同语。同时晋处"夏墟"，又是商代鬼方、土方、獯鬻等北方半游牧人群经常活动的范围，加之晋国北部与"北方草原青铜文化"诸部落为邻，因此晋文化不仅本身具有多种古老的文化因素，而且极易与北方诸文化相互影响和借鉴[1]。

晋国是中原大国，其社会改革的进程在列国中较快也较彻底，因此晋国晚期青铜器文化既有对中原传统文化的直接继承，又有许多创新和发展。即如此镜，从中既可见到周文化的龙首、北方系文化的攫虺表现形式、地中海文化的写实风格羽翅，亦可见到晋文化吸收融合以上多种文化后，创造出的全新形态的龙身，以及为铜镜所设计的独有的双圈式布局及鲜明的纹饰组合。凡此种种，并非出于单纯的审美意识，也是当时社会生活百态的一种艺术写照。当时晋国已处于"季世"，即"公室卑，政在家门"，晋国军政大权几乎全落入一帮代表新兴力量的卿大夫手中。这些人锐意进取，思想解放，经过与旧势力的激烈斗争，终于在战国初取得胜利而导致"三分公室"，可借由此件贝纹边饰交龙纹镜知其一隅。

[1] 赵瑞民、韩炳华：《晋系青铜器研究：类型学与文化因素分析》，山西人民出版社，2005年，第244页。

贝纹边饰瑞兽纹镜

春秋战国

直径 92 毫米　厚 2 毫米　重 50 克

简介

圆形，桥形钮，圆钮座。钮座外饰有一周绳纹。主纹作顶视形象设计，可能模仿自铺首的构图，三只瑞兽首部自绳纹向外延伸，另有三只瑞兽首部自铜镜外缘向内延伸，内填粟粒纹，颈部饰斜线纹及细小涡纹，兽与兽间饰有三对羽翼状纹饰。铜镜最外饰有一周贝纹。此种呈正反交错布置的兽首纹饰，大量见于1994年山西太原赵卿墓所出的鼎、壶等青铜器的腹部及器盖之上，均有绳纹或羽翼纹作为辅纹组合[1]。单体兽首形象，则与春秋晚期至战国早期晋系青铜器的一种兽首双龙身纹饰的兽首较为相似，或是龙的脸部平面展开形象。《千石藏镜》录有一件蟠龙纹阳燧镜[2]，主纹为四双身龙纹，所饰龙首即与此镜兽首相似。此镜应为三晋地区风格铜镜，为其他地区鲜见。

本馆另藏有一件与此镜纹饰基本一致的铜镜，唯瑞兽颈部纹饰及粟粒纹分布区域不同，铜质发亮，直径100毫米，厚2毫米，重115克。

[1] 山西省考古研究所、太原市文物管理委员会等：《太原晋国赵卿墓》，文物出版社，1996年，第25—70页。

[2] 原书作“蟠龙纹凹面镜”。千石唯司：《千石藏镜》，日本：向日葵印刷有限公司，平成25年（2013年），第16页图30。

贝纹边饰瑞兽纹镜（外一件）

春秋战国

广东大观博物馆藏

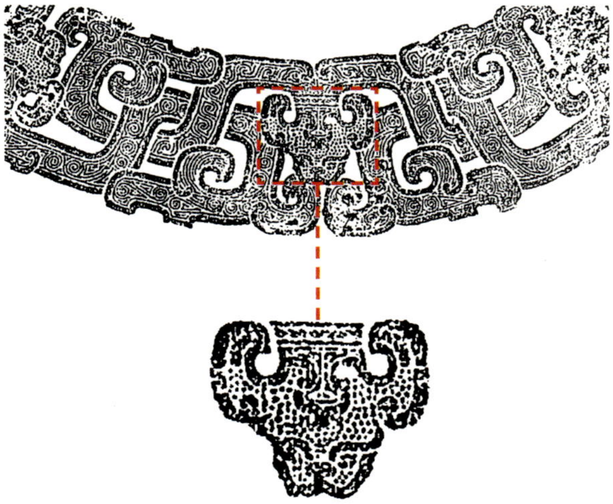

双身龙交连兽首纹

单体兽首

双身龙纹及其演化图[1]

［1］ 示例图片采自李夏廷、李邵轩：《晋国青铜艺术图鉴》，文物出版社，2009年，第24页图8。

艺术风格

此镜的双圈式布局及装饰手法，与贝纹边饰交龙纹镜风格较为一致，应同为三晋等中原地区铜镜。晋系青铜器上有一种双身龙交连兽首的纹饰，由来已久，通常兽首居于正中，颈部饰以绳纹，其身演化为双身夔龙，居于两侧。其兽首至战国仍未有较大演化，具有羚牛状角，似扁平叶，角的顶端向内弯曲呈叶状，与此镜的瑞兽应为同类纹饰，或为龙的脸部平面展开形象。《千石藏镜》所录的蟠龙纹阳燧镜[1]，布局与此镜具有相同之处，所饰龙首与此镜兽首相似，主纹即为此种双身龙纹。

钮座外的绳纹为双股松纹，每股由三条细线构成，与交龙纹镜的每股两条略有差异。镜缘处的单体贝纹，则较为浑圆。

辅纹粟粒纹呈现了另一种表现形式，即填入兽首等主纹内作为装饰。另两种辅纹为斜线纹和细小涡纹，分别填于兽颈部。这些几何类纹饰展现了三晋地区独特的应用手法，它们被填充在动物纹躯体的不同部位，象征动物的鳞甲、斑纹、须毛、翎羽等，具有强烈的装饰效果。

[1] 原书作“蟠龙纹凹面镜”。千石唯司：《千石藏镜》，日本：向日葵印刷有限公司，平成25年（2013年），第16页图30。

[2] 示例图片采自李夏廷、李邵轩：《晋国青铜艺术图鉴》，文物出版社，2009年，第32页图21。

蟠龙纹阳燧镜　战国　千石唯司藏

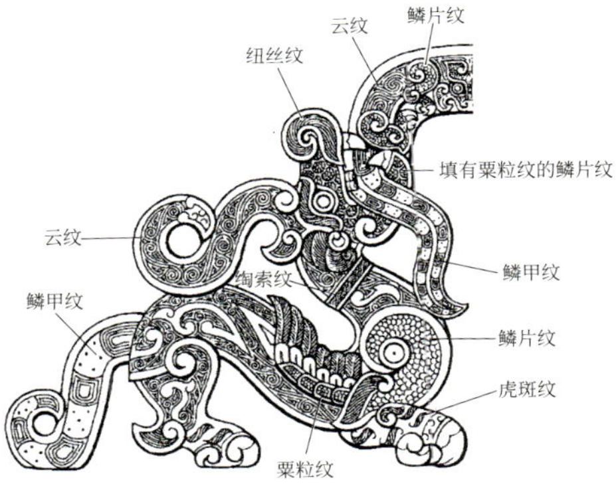

晋系填纹装饰法　几何纹运用示例[2]

贝纹边饰瑞兽纹镜的纹饰辨析

该镜风格奇异，从纹饰系统方面来看，单体兽纹与双身夔龙交连兽首纹的兽首形象相同，盛行于鼎盛期的晋系青铜器上，如山西侯马晋国新田遗址出土的陶范，及山西长治战国墓中出土的鼎等。因总以该纹饰居中伴以双龙为纹饰组合，所以判断此类兽首应是龙的脸部平面展开形象，即龙首。

此外，每个单体纹饰之间饰有类似羽翼的纹饰，可能代表龙的双翅，抑或是代表龙升腾飞翔的一种状态。

交龙纹鼎纹饰

交龙纹鼎单体兽首

贝纹边饰瑞兽纹镜单体兽首

单体纹饰对比

而此种呈正反交错布置的兽首纹饰，大量见于山西太原赵卿墓所出的鼎、壶等青铜器的腹部及器盖之上，均有绳纹或羽翼纹作为辅纹组合[1]。

赵卿墓所出青铜器之纹饰，兽首颈背处具双翼，与此镜羽翼纹类同；兽首具交连盘绕的龙身，肢上有利爪。据此，我们认为该镜所饰之兽首，应为简省身躯后的一种异形龙纹，即为龙首。该种兽首，正者自内区绳纹处伸展，倒者自外区贝纹处伸展，三晋地区常见将绳纹与贝纹饰于动物纹的颈上，此种饰颈手法，应象征驾驭驱使。此镜以缀饰的羽翅纹带出动感，展现出祥龙凌云升空的顶视形象，龙首威仪，其颈却被绳索及贝串所缚，将此种御龙场面饰于镜上，彰显了此时期晋国国力繁盛郁勃，是盛世强国的一种精神体现。

[1] 山西省考古研究所、太原市文物管理委员会等：《太原晋国赵卿墓》，文物出版社，1996 年，第 25—70 页。

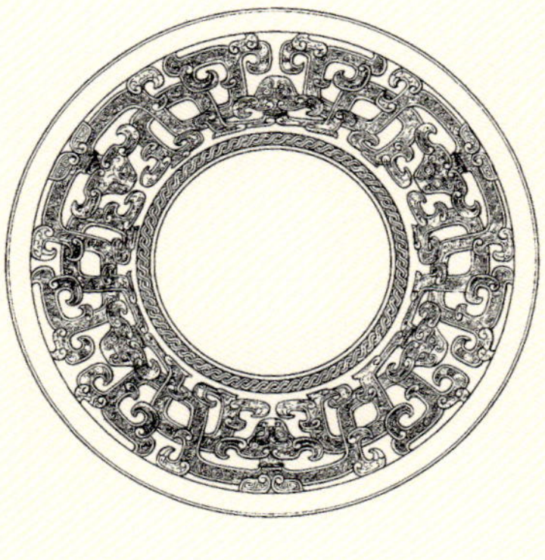

铺首牛头螭纹蹄足铜升鼎(器盖)
春秋晚期
山西太原赵卿墓出土

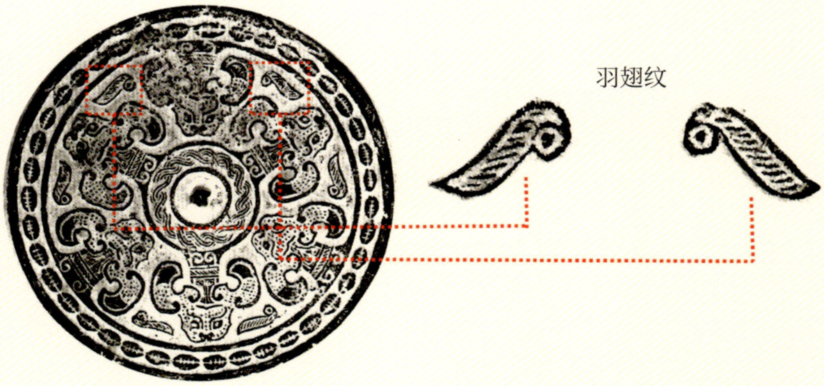

异彩纷呈的晋地之龙

晋地是龙形象的重要发源地之一，考古资料表明当时黄河流域气候暖湿，河湖密布，草木丰茂，适合各种两栖类和爬行类动物生存。襄汾陶寺出土过新石器时代的鳄鱼皮“鼍鼓”和中国最早的彩绘龙盘。《左传》及《史记·夏本纪》记述：上古时期唐地有人以饲养龙为业，并说董姓和刘姓即上古时为帝舜和陶唐氏、帝孔甲“畜龙”和“豢龙”的家族。另《左传》还有“龙现于绛郊（新田）”的记载，这些所谓的“龙”大约就是鳄鱼一类的大型爬行动物，山西石楼出土的商代兽形觥应该就是当时龙的写照。

随着旧有礼制的逐渐瓦解，三晋地区青铜器进入中国古代青铜艺术的“文艺复兴期”，龙纹这种源自商代的纹饰题材大量出现，在吸收商文化纹饰之外，亦融合了殷商匠人敬畏严谨的制器之心。由本书所录的三件春秋战国铜镜，即可见其铸制之精绝，所饰龙纹态势各异、多姿多彩。

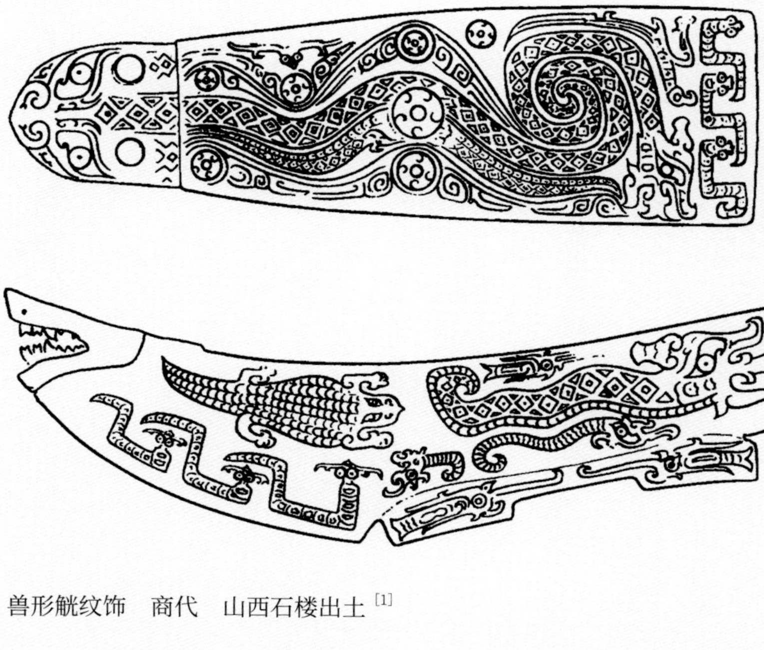

兽形觥纹饰　商代　山西石楼出土[1]

［1］示例图片采自李夏廷、李邵轩:《晋国青铜艺术图鉴》，文物出版社，2009年，第22页图5。

一、二方连续、单元组合

交龙纹阳燧镜所饰单体龙纹较为简洁，为侧视形象，头身一致，肢爪被省略，身躯修长，填以斜线纹进行装饰，弯转处较为方正，作二方连续形成交连的单元组合。

交龙纹阳燧镜　龙纹

[1] 李夏廷、李邵轩：《晋国青铜艺术图鉴》，文物出版社，2009年，第23页。

二、环状团绕、单体重复

贝纹边饰交龙纹镜所饰单体龙纹首部为较大夔龙，为侧视形象，身躯较纤细，弯转蜿蜒，羽翅伸展，爪攫小虺，单体纹饰重复三组，呈繁复盘绕的环状形态。

三、离心式与向心式相结合布局、首部展开

贝纹边饰瑞兽纹镜所饰单体龙纹为简省形式，以龙首代之，为展开后的正视形象，填以粟粒纹、斜线纹及细小涡纹进行装饰，首部设计为三正三反相互交错，整体画面却以顶视形象布置，以离心式与向心式相结合布局。

晋系龙纹各式各样，有正视、侧视及顶视形象等，且非常写实，许多还装备了漂亮的羽翼，眼睛和爪牙常被有意刻画和夸张，这应是对商周传统的发扬光大（商周铜器上猛兽类动物都有十分夸张的眼睛和爪牙）。在连续式纹饰中，它们则往往被省略了足、爪。总之，晋系龙突破了传统的呆板模式，极富生气和动感，它是中国龙形象由低级向高级、由抽象到写实发展道路上重要的里程碑。而其中的飞龙，应该是吸收古代域外文化影响的产物，是后来所谓“有翼神兽”或“辟邪”的早期形态[1]。

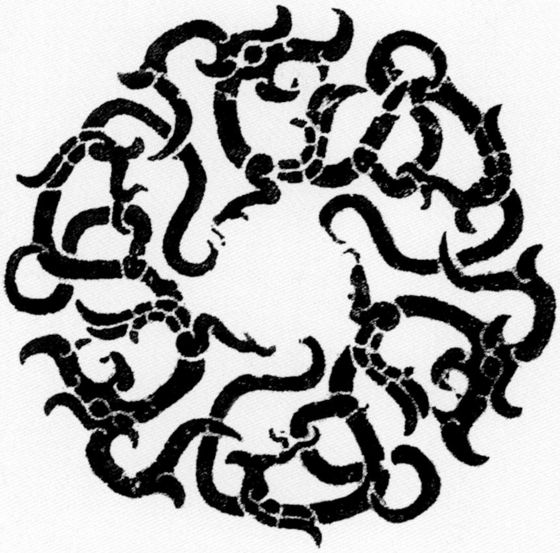

贝纹边饰交龙纹镜　龙纹

贝纹边饰瑞兽纹镜　龙纹

战国中晚期铜镜：如日中天

战国时期是铜镜迅速发展与流行的时代，铜镜种类繁多，数量显著增加，特别是战国中晚期的铜镜数量呈井喷式发展。这个时期制作工艺上的进步，使铜镜的设计制作一扫前期稚拙朴素的风格，展现出青铜工艺的新面貌。常见有双圈式、环绕式、分区式、向心式等丰富的布局方式。一些铜镜更采取了三层纹饰的重叠布置法，层次分明，主题突出。在纹饰表现方面，战国铜镜以几何纹、植物纹、动物纹为主。几何纹有云雷纹、曲折雷纹、连弧纹等，植物纹有叶纹、花瓣纹、柿蒂纹、藤蔓纹等，动物纹有兽纹、龙纹、禽鸟纹、蟠纹等。此外亦出现了工艺精绝、繁富瑰丽的特种工艺镜，如镶嵌镜、复合透雕镜等。

壹

纯地纹镜·坤厚载物

纯地纹镜是指镜背主要由一种纹饰构成，地纹之上不再有主题纹饰的铜镜。该类镜纹饰布置为四方连续，即一个单位纹饰向上下左右四个方向反复连续循环排列所产生的纹饰，规整有序。其上呈现出明显的范线，这突出反映了战国时期在铜镜铸造技术方面的一大进步，即印模法的广泛应用。此方法的运用，是在细腻的泥模上用铜质或骨质刻刀雕刻出整个纹饰的一部分，此即印模，再将这段印模翻制出若干块纹饰范，经过拼接，就可得到所需的完整纹饰；亦可将印模以四方平铺的方式来布满整个界面，余下部分则依镜子形状任意裁割。这一方法省工省时又便于操作，而且效果良好。

此类镜本书录有三件。

祥云纹镜为单种几何纹镜，构图繁密，其单体纹饰较为细小，由平铺的云雷纹构成。所谓云雷纹即方圆两种几何螺旋纹的总称，圆者为云纹，方者为雷纹[1]。

羽鳞纹镜为组合几何纹镜，构图疏朗，由羽纹、鳞纹、云雷纹、重环纹构成一组纹饰单元，再将整组纹饰重复排列。

对鸟纹镜为动物纹镜，此类以动物纹作为纯地纹的设计极为少见，构图虽繁密，但以凸起的粗线条带出通透感，单体纹饰为线条流畅的变形禽鸟，作连续布置。

单元纹饰作重复布排的此类铜镜，展现出了一种匀称均衡、极具条理性的美感。

[1] 朱凤瀚：《中国青铜器综论》，上海古籍出版社，2009 年，第 593—594 页。

祥云纹镜

战国

直径 140 毫米　厚 6 毫米　重 222 克

简介

圆形，五弦钮，圆钮座。钮座外为一周凹面环形带。素缘。此镜版模精美，以连续的回旋状线条构成的祥云状几何图形构成纯地纹，细密的云纹纤毫毕现。从不同角度看，底边或作平行线横分层排列，或作平行线斜分层排列，显得规整又有动感。此类纯地纹镜出土量较少，主要发现于河南、安徽、湖南等地。

艺术风格

此镜风格庄重，地纹布局规整。祥云纹取材自青铜器上常见的云雷纹，殷商早期青铜器的纹饰即以之为主，或许代表龙纹[1]；云雷纹还可能与兽面纹有关，青铜器上最早所见的兽面纹即是在云纹或雷纹上加上双目，此类纹饰或许为龙纹或兽面纹的省变形式。

云雷纹自新石器时代已大量出现，常饰于陶器、玉器等上，单体纹饰转角处较为圆滑，似盘曲的蛇类，所以其回旋的构图方式或为蛇类盘绕躯体的演化[2]。商代云雷纹基本作为纹饰带或平铺饰于青铜器身，部分随兽面纹发展，作为其组成部分或为地纹，单体纹饰转角处刚硬凌厉，线性回转周数相对较少。西周时期尊礼尚德，单体纹饰转角处柔和，多作为平铺式主纹。春秋时期多

[1] 朱凤瀚：《中国青铜器综论》，上海古籍出版社，2009 年，第 593—595 页。

[2] 杨建芳：《云雷纹的起源、演变与传播——兼论中国古代南方的蛇崇拜》，《文物》2012 年第 3 期。

转折方正，至战国时期形式多变，布局疏密有致，线性回转周数相对较多，可作纹饰带，可平铺，亦可填于主纹内进行装饰。

云雷纹的形式由早期线性回转形转折为方的形式，向后期线性回转形转折为圆，是一种具有丰富形式与感受的艺术符号。它的形式起源于人类将客观实在物抽象化，并以艺术符号的形式表现出来。其发展则是因在传播过程中受到不同文化的影响而衍生出新的形式。云雷纹所代表的情绪感受伊始于它代表的对某种“灵物徽象”的崇拜，并在传播与发展过程中引申出不同的意味。云雷纹的形式与情感在各个时期、各个地区带有时代与区域的烙印，揭示出其意义由早期的图腾崇拜向生活世俗化转移，变更的过程中体现了云雷纹具有的直觉感知性、整体性和独特性、情感性、变异性等艺术符号特征，也体现出当时的人民的精神需求和审美志趣。

云雷纹

云雷纹陶豆　新石器时代

江苏金坛三星村出土

云雷纹陶片　夏代

河南偃师二里头遗址出土

云雷纹扁足鼎　商代

河南郑州向阳回族食品厂出土

河南省文物考古研究所藏

鸟钮云雷纹高足鼎　战国

河北阳原九沟村出土

河北省文物研究所藏

上士盉　西周

河南洛阳马坡出土

美国弗利尔美术馆藏

云雷纹龙形鋬四足铜匜　春秋

河南新郑市唐户遗址出土

新郑博物馆藏

羽鳞纹镜

战国

直径 123 毫米　厚 5 毫米　重 235 克

简介

圆形，四弦钮，双重凹面方钮座。由羽纹及鳞纹、云雷纹组成，云雷纹中又有大小不等的云纹和三角雷纹，而部分羽纹内填以重环纹，鳞纹尖缘处则饰有利爪状纹饰。羽纹可能为禽鸟类纹饰的部分形态，鳞纹应是龙纹中的鳞片形态，某种程度上应与古人的万物有灵思想有一定的关系，整体给人一种庄重、神秘之感，又因多元的纹饰组合显得繁丽灵秀。此类铜镜出土甚少，目前只见于湖南、四川战国墓中。同类纹饰铜镜可见日本泉屋博物馆的一件方镜[1]。

艺术风格

此镜虽为重复布置的地纹镜，但元素丰富，其单元纹饰较大，为羽纹、鳞纹、云雷纹构成的纹饰组合。这三种纹饰分别由较细小的纹饰填充，如云雷纹中有云纹和三角雷纹，部分羽纹内填以重环纹，鳞纹大小不等且尖缘处饰有利爪状纹饰。

三角雷纹外廓呈三角形，中填以云雷纹，通常作正反交错排列，形成锯齿带状。一般构成二方连续图案，作边缘装饰，流行于商至西周初期，一直延续至战国时期。

羽纹可能是从禽鸟类纹饰演化而来，见有呈涡状的纽丝羽纹和写实羽翅纹两类。于青铜器上，二者常被填于动物纹中作为装饰。

鳞纹是取龙或蛇类的鳞片为单元组成的纹饰，其排列方式或作鱼鳞状，上下交错，重叠排列，多施于器物腹部；或单个鳞片横向并列，构成带状，施于器物的圈足等部位。主要流行于西周早期至春秋早期[2]。此镜的鳞纹由大片鳞纹及较细小鳞纹共同组成，后者具有利爪状纹饰点缀，显示出凶猛凌厉之势。

重环纹也被称为“方形环”，其基本形状特征是：形近一长方的环，但一端半圆，一端内凹而出两角，常按等距离重复出现，组成环带，故通称“重环纹”。重环纹应归属鳞纹，应是从青铜

[1] 泉屋博古馆:《泉屋博古·镜鉴编》，泉屋博古馆，2004年，第9页图版1。

[2] 朱凤瀚：《中国青铜器综论》，上海古籍出版社，2009年，第577页。

三角雷纹

涡状纽丝羽纹

写实羽翅纹

大片成组鳞纹

重环纹

具利爪缀饰的较细小鳞纹

夹短环重环纹

器纹饰中龙蛇类鳞的图像演化而来。按围成环形的线条层数来分，有两重、三重、四重之分。在排列形式上除作单列外，亦有作双列的。重环纹还有在两个环形间夹以一近于耳形的短环的形式。此种纹饰的雏形，似可追溯到商代晚期至西周早期，但其盛行时期则是在西周晚期至春秋早期。多作为主纹施于颈部、腹部或器盖边缘等部位，并常常与其他同时期的纹饰共施于一器[1]。本馆所藏一套西周时期的青铜盘匜，颈部皆饰有重环纹。

此类纽丝羽纹、大片鳞纹及较细小鳞纹等纹饰组合常见于楚系青铜器上，如本馆藏交龙垂鳞纹升鼎，铸制华丽异常，腹部饰大片立体鳞纹；鼎的腹部等距贴附着六只夔龙，龙首、龙角等处饰以细小鳞纹；口沿表面及耳内外侧都装饰有蟠螭纹，鼎足根部饰一组以扉棱并饰以浮雕式蟠螭纹的凸目兽面纹，其上均填以纽丝羽纹等进行装饰。

[1] 朱凤瀚：《中国青铜器综论》，上海古籍出版社，2009年，第577—578页。

青铜盘匜　西周　广东大观博物馆藏

青铜盘匜　西周　广东大观博物馆藏

交龙垂鳞纹升鼎　春秋　广东大观博物馆藏

蟠螭纹及兽面纹上的纽丝羽纹

腹部大片立体鳞纹

夔龙首部的细小鳞纹

对鸟纹镜

战国

直径 120 毫米　厚 4 毫米　重 235 克

简介

圆形，四弦钮，双重凹面圆钮座。素缘。主题纹饰为抽象的对鸟纹，表现为每一单元格内两只夸张变形的禽鸟相对，填以细密的斜线纹及斜角云纹。单个禽鸟的形状接近三角形，禽鸟头部作回首状，禽鸟尾部粗壮内翘。繁密的对鸟纹饰营造出一种几何格局，折射出战国先民崇尚简约线条的审美观。

艺术风格

此镜较为特别，为动物纹镜，此类以动物纹作为纯地纹的设计极为少见。

构成地纹的变形禽鸟，有可能为简化凤鸟纹的一种，故此镜或为楚系铜镜，体现了楚国人的凤鸟崇拜。凤鸟纹是极具地域特色的纹饰，主要饰于楚国丝织刺绣、帛画及帛书、木器、漆器、青铜器等上，由新石器时期东夷部落盛行的鸟纹演变而来，与太阳崇拜密不可分。长江中下游和黄河下游地区的不同考古学文化中普遍流行天体崇拜，天体崇拜和图腾崇拜是两个不同的概念，前者是比部落单位更大的地区性团体的信仰，其地位高于图腾崇拜[1]。虽然在商、西周时期就已经有了大量的凤鸟纹，但其造型均与楚国凤鸟纹存在差异。楚人一方面继承、发展了商、西周以来的凤鸟纹，另一方面由于祝融亦被楚人认为是其祖先之一，而凤正是祝融的象征，因而楚人在器物中有意地突出了凤纹的地位，其数量远超东周时期中原地区的诸侯国[2]。楚人崇凤正是崇日的表现，是楚人先祖从东方带来的精神信仰，亦体现了楚人对祖先祝融的追思。在楚灭亡之后，曾经流行于地处南方的楚国的凤纹在秦汉时期已经定型为南宫朱雀的象征，其视觉形象逐渐固定，再也没有先秦时期如此丰富的造型样式。

[1] 牟永抗：《东方史前时期太阳崇拜的考古学观察》，《故宫学术季刊》1995 年第 12 卷第 4 期。

[2] 屈景昭：《楚风俗漫议》，《理论月刊》1994 年第 10 期。

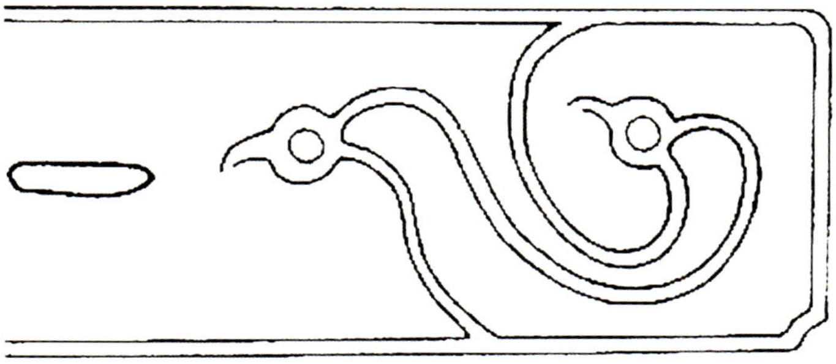

铜戈上的凤鸟纹

楚国长垂尾凤纹

织品刺绣上的凤鸟纹

漆盾上的凤鸟纹

饰于各类器物上的凤鸟纹

贰

花叶纹镜·葳蕤好貌

花叶纹镜按主纹类别可分为叶纹镜、花瓣纹镜、花叶纹镜三类，此类镜是在纯地纹之上添加了主纹而成，是地纹与主纹相结合的多层纹饰铜镜。

此类镜的地纹通常见有羽状纹和云雷纹两种，均采用当时先进的印模法工艺制作，前者是变形兽纹的一种，把演变成羽状、涡粒状的蟠螭纹躯体的一部分分割为一个个长方形的纹饰单位，每个纹饰单位前后左右平行，有规律地连续排列，布满镜背，单位纹饰相对细小的表现形式被称为“涡粒状羽状地纹”[1]。后者除上一单元所见的常规类型，亦有一种勾连云雷纹，即云纹加填以粟粒纹的勾连雷纹作为地纹组合，形式新颖，较为少见[2]。

主纹花叶纹，叶片花卉大小不一、形态多姿，本书所录镜，以羽状纹为地纹的有羽状地纹花叶纹镜和羽状地纹花瓣纹镜，前者共两件，所饰叶纹分别为椭圆桃叶及尖缘大叶片，叶脉清晰，具有丰富的层次感；后者为一件，所饰花瓣精致细小。

以云雷纹为地纹的有云雷地纹花卉纹镜和祥云纹地异版花卉纹镜，各一件。前者由纤长的竹叶纹及饱满的桃心瓣花卉纹组成；后者纹饰奇异，为卷曲写意的羊形花卉。

此类主纹皆为四片一组成组出现，造型均选用正面、平视的角度，自钮座处呈放射状离心式伸展排列。由于所出先秦时期的此类植物纹样较少，多名学者对这种叶纹的象征意义做出了论断，但众说纷纭。如郭廉夫等人认为这是一种茱萸纹，起到逢凶化吉

[1] 孔祥星、刘一曼:《中国古代铜镜》，文物出版社，1984 年，第 26—27 页。

[2] 例图采自宫本一夫：《战国镜的编年（上）》，《古代文化》第 46 卷，1990 年。

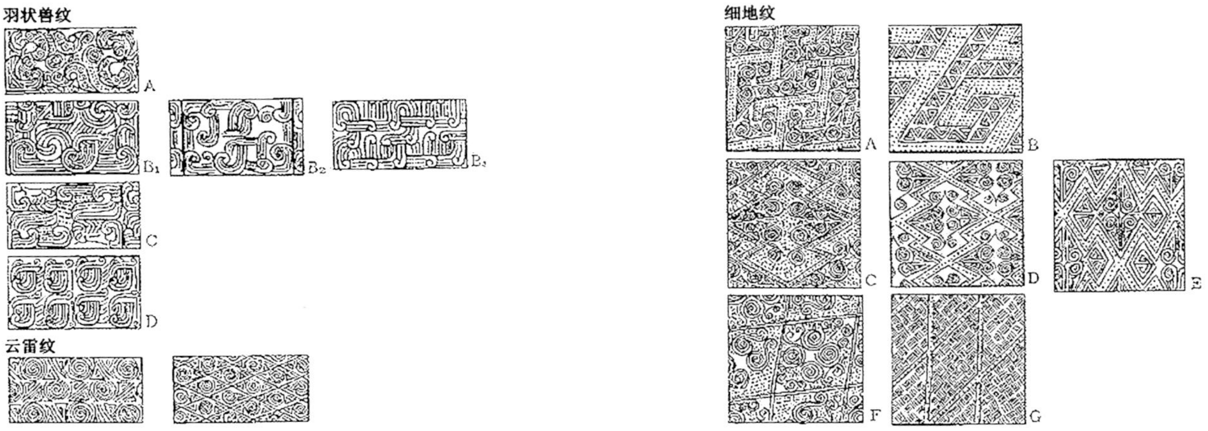

战国时期铜镜的地纹

战国时期铜镜的单体花叶纹

[1] 郭廉夫等主编：《中国纹样辞典》，天津教育出版社，1998 年，第 243 页。

[2] 田自秉：《中国工艺美术史》，知识出版社，1985 年，第 94—95 页。

的作用[1]；田自秉则将其看做莲花纹[2]。这种四片一组的叶纹数量众多，曾经被人称为四叶纹，其历史悠久，在新石器时期大汶口文化中就已经有这种类型的纹样出现。此类纹饰极有可能与先秦时期的古人表现的天极或天盖有关，《说苑·辨物》中有：“发于一……周于四。”说明了“四”所蕴含的重要意义，同时这与铜镜在当时沟通天、地、人的功能是一致的。人类对“四”的认识与空间方位感觉有密切关系，象征初民关于四方位空间分割的宇宙观念。而“四”作为四方位空间的象征，其原始表现形式一是“十”字形，从中心四出的“十”字构成了四叶纹的基本模式，是太阳崇拜与太阳之花植物崇拜的结合，是日光之花与太阳之花，亦衍生出“米”字等形式，如本书所录云雷地纹花卉纹镜的纹饰。此种位于钮区外围，呈“十”字形向外发散的结构，代表空间无限、意境无限，宇宙的根本是日月，“十”字表示宇宙之中心和主宰，用铜镜的四叶状十字徽纹来表示日月的辉煌，拥有并崇拜这神秘的十字，便可确保宇宙的正常运行。

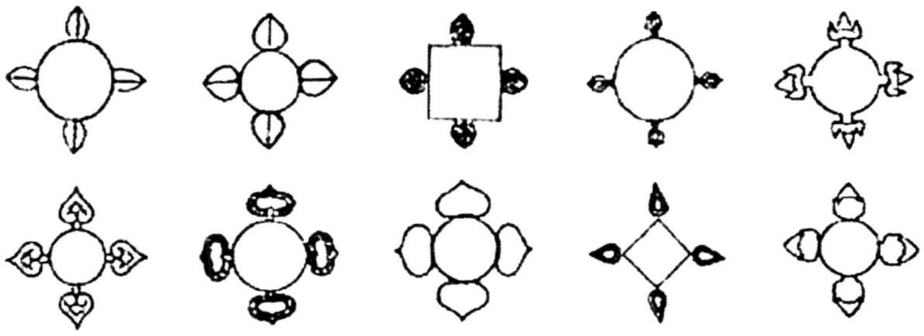

战国时期铜镜的四出“十”字形花叶纹

花叶纹镜中的四叶镜，在战国早期已出现。湖南地区所出的四叶纹镜，均与鼎、敦、壶同出。云雷纹地的花瓣纹镜、花叶纹镜多属传世品。但从其纹饰较复杂来看，估计时代比四叶纹镜略晚，约属战国中期。此后，花叶纹镜就衰落了。这类铜镜流行的地区主要是安徽、湖南一带，河南地区亦有发现，但数量较少[1]。

此类铜镜的纹饰，在主题、题材、造型方法等方面均容易形成协调的关系，在其中一些形体的尺寸、位置等属性上注重对比，因此在画面中几乎都能够形成多样的统一，这是营造视觉形式美、烘托主题的必要手段。注重对称与均衡的原则，这也是新石器时期以来的装饰艺术中均比较注意的问题。严格的对称在艺术品中是少见的，而在装饰艺术中却频繁出现。此类铜镜所追求的对称与均衡产生了一种极为轻松的效果，给整体带来了平衡的特征，满足了人类生活中对平衡的追求。平衡本是物理学中的概念，存在于人类的生活中，随着新石器时期的人类对客观世界认识的不断增强，人们认为平衡是一切事物所需要具备的有效条件，因此，当时的视觉艺术中自然而然地会出现对称与均衡的形式原则，该类铜镜正是延续了这一约定俗成的法则。同时，铜镜中对称的形式表现出安静、和谐的庄重感，均衡的形式可以通过动态的平衡产生灵活多变、动感的画面效果，此类作重复布置的主纹均具有较强的条理性，往往按照一定的规则进行排列，帮助画面营造出秩序感。

[1] 孔祥星、刘一曼:《中国古代铜镜》，文物出版社，1984 年，第 30 页。

羽状地纹花叶纹镜

战国

直径 128 毫米　厚 6 毫米　重 267 克

简介

圆形，六弦钮，双重凹面方钮座。钮座外向四方伸出四片桃形花叶，花叶纹内部纹理清晰、左右对称。羽状纹地，繁密且横竖排列整齐。花叶纹这类纹饰，在战国时代的铜镜当中较为流行，以逼真写实的手法将植物纹表现在铜镜纹饰中，与商周时期“叶脉纹镜”在纹饰造型上截然不同，更加写实且反映出古人崇尚自然、亲近自然的生活态度与审美意趣。1954 年长沙月亮山 M18 战国墓出土一件与此镜纹饰完全相同的铜镜，直径 122 毫米[1]。

［1］ 湖南省博物馆：《湖南出土铜镜图录》，文物出版社，1960 年，第 33 页。

艺术风格

此镜的羽状地纹致密，单位纹饰较为细小，为涡粒状羽状纹，一些学者也称之为“縠纹”，有时以浮雕形式饰于青铜器上，战国时期常作为铜镜地纹。

主纹为椭圆桃叶，脉络清晰，刻画逼真，自钮座伸展开来，于其他器物上鲜见，多饰于铜镜，体现了至战国时期，已形成一批仅用于装饰铜镜的专属纹饰。

繁密的涡粒状羽状纹

单体椭圆桃叶纹

羽状地纹花叶纹镜

战国

直径 88 毫米　厚 5 毫米　重 88 克

简介

圆形，三弦钮，双重凹面方钮座。钮座外向四方伸出四片宽大的花叶纹，每一片花叶内部的纹理皆清晰可见，茎部植根于钮座，叶尖延伸至素缘内侧，四瓣花叶纹在整件镜的纹饰区当中占据着主要的视觉位置。羽状纹地，结构相对松散，显得端庄秀雅、精致有趣。

此镜的叶纹

艺术风格

此镜的羽状地纹疏散，单位纹饰相对较大，呈现了另一种疏朗的结构风格。

主纹为尖缘大叶片，宽大舒展，风格写实，外形有可能由柿蒂纹演化而来，同类纹饰见于其他青铜器的器盖上，但风格较为写意，且内里常填以其他几何纹。

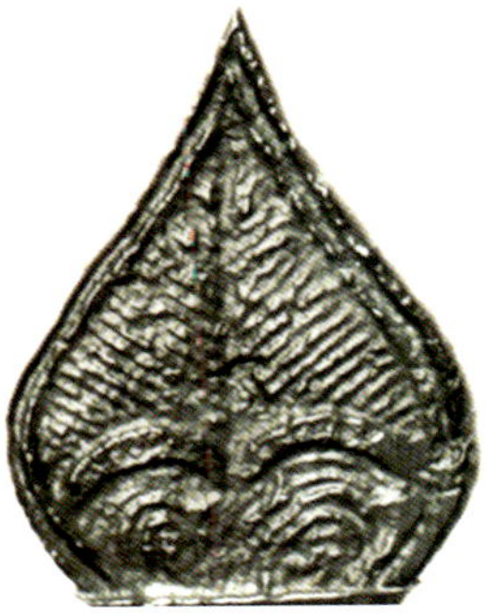

单体尖缘大叶片

疏朗的羽状地纹

青铜器上的柿蒂纹

羽状地纹花瓣纹镜

战国

直径 99 毫米　厚 5 毫米　重 126 克

简介

圆形，四弦钮，双重凹面方钮座。钮座外向四方伸出四片花瓣，每个花瓣的形状皆小巧精致。羽状纹地，其纹路较一般镜粗大，也更为清晰，在驳接处可看到卷曲状或涡云状的图案。此类镜在战国时期较为常见，它没有种类繁多的纹饰，却能以高度一致、紧密排列的纹饰取得良好的装饰效果。

艺术风格

此镜的羽状地纹方正规整，排列有序，单位纹饰大小适中。

主纹为花瓣纹，仅见于铜镜上，应为铜镜的专属纹饰，其表现形式多样，见有四花瓣镜、八花瓣镜、十二花瓣镜等。八花瓣镜见有一种圆钮座，其上伸展四花瓣，镜缘向内伸出四花瓣的样式；亦有花瓣作连贯式成组布置，钮座四角向外伸出四组花瓣，每组两瓣。十二花瓣镜则是在连贯式八花瓣的基础上，自镜缘向内又伸出四花瓣。

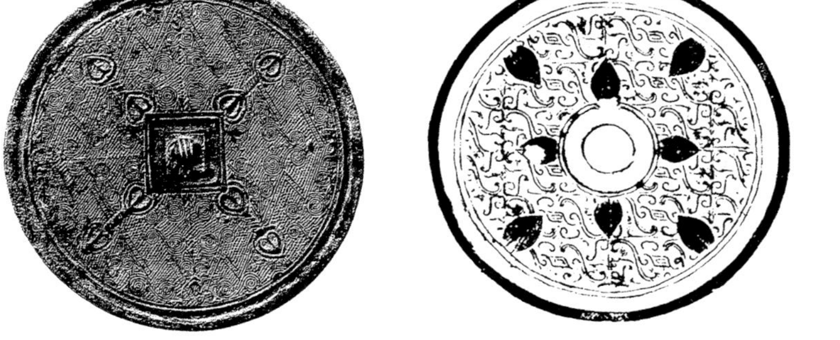

八花瓣纹镜的两种形式

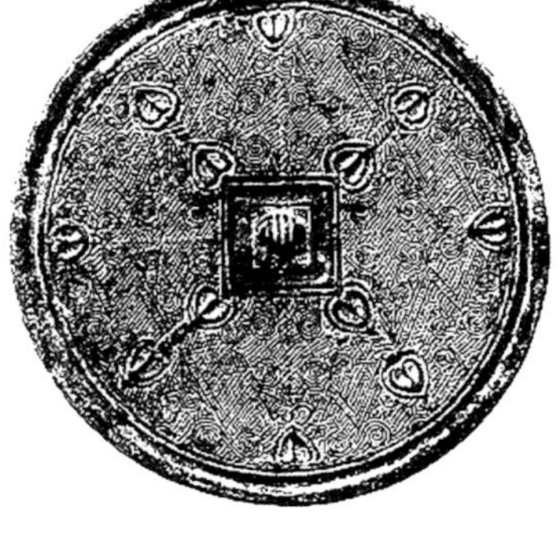

十二花瓣纹镜

云雷地纹花卉纹镜

战国

直径 103 毫米　厚 2 毫米　重 72 克

拓片：纹饰组合

简介

圆形，四弦钮，双重凹面方钮座。钮座外向四角伸出四片竹叶状长叶片，钮座四边对应四组花卉纹，花卉纹由凹面形的花蕊和四片桃形叶瓣组成，花蕊部原应镶嵌有绿松石或其他装饰物，足见此镜规格之高。勾连云雷纹地，细腻繁密，主纹与地纹皆非常清晰，并形成疏密有致的视觉表现效果。该镜应为楚系铜镜。

艺术风格

此镜元素丰富，为地纹之上布置花叶纹，勾连云雷地纹细密，叶纹舒展，花卉纹饱满，互为映衬，层次分明。

作为地纹的勾连云雷纹，较为特别，应是从饰于青铜器上的勾连雷纹演化而来，亦常见于楚国地区的丝织品等上，内填粟粒纹，纹饰之间配合饰以云纹。

十二花叶纹镜的两种形式

主纹由纤长的竹叶纹及光润的桃心瓣花卉纹组成，整个画面丰盈饱满，别具趣致。单体竹叶纹除构成此种八花叶镜外，亦见有两种风格各异的十二花叶镜，共八花瓣四叶，一种由钮座四角伸出四长叶，由钮座四边中部伸出四花瓣，又由镜外缘向内伸出左右夹有绳纹的四花瓣；另一种亦为钮座外伸出四长叶，花瓣则作连贯式成组布置，四组花瓣，每组两瓣。

五花卉纹镜

单体花卉纹的装饰形式丰富多样，除此种四花卉外，亦见有五花卉镜和十二花卉镜，前者通常为圆镜，一朵花卉饰于正中，其余四朵位于四边，镜缘向内伸出四花瓣作为缀饰；后者见有一种方镜，四组花卉自钮座四角而出，作连贯式布置，每组两朵，另有四朵饰于镜缘四边中部。

青铜器上的勾连雷纹

十二花卉纹镜

祥云纹地异版花卉纹镜

战国

直径 105 毫米　厚 5 毫米　重 98 克

简介

圆形，三弦钮，圆钮座。素缘。钮座外延伸出四朵极富装饰艺术效果的花卉，对称分布镜钮四方。花叶呈桃形，花瓣细长呈翻卷状，上升后向下卷曲，其上缀饰斜线纹。整体花卉造型可能为代表寓意吉祥的羊之造型，卷曲的花瓣巧妙地形成羊的双角。此类花卉纹饰极为少见。祥云纹地，单位图案由涡卷状图形搭配棱角分明的三角图形构成，在此基础上，将单位祥云地纹进行“复刻”，填满整个镜子的底部，即构成灵动活泼、飘逸舒展的祥云地纹。

艺术风格

此镜地纹为祥云纹，其上搭配“四出式”花卉纹，以细线条映衬粗线条，以致密对比疏朗，相映成辉，珠联璧合。

主纹样式奇异，为卷曲写意的羊形花卉，可能由楚镜中的一种箭头状叶纹演化而来，其上再以弯卷的涡纹及羽状纹进行装饰。

拓片：纹饰组合

此镜的羊形花卉纹

楚系箭头状叶纹

叁

山字纹镜·巉巉风骨

山字纹镜是指由三至六个似“山”字的图纹构成主题纹饰的铜镜，单体山字方向左旋或右旋，山字之间有时配以花叶纹或动物纹等，地纹通常为羽状纹。

按照其中山字的数量，可以分为三山纹、四山纹、五山纹、六山纹，山字的造型亦有差别，有的粗壮，有的细长，还有的山字两端的笔画被拉长，围合出来的图形亦十分丰富，有方形、菱形、五角星形等。镜钮大多为方形宽带弦纹，少数为圆形，镜缘处有空白的宽边，内边上有两道弦纹。山字形的倾斜方向亦不固定，或顺时针右旋，或逆时针左旋。构图常以镜钮为中心向外扩展，镜钮四周有四叶、五叶、八叶的样式，这种类型的铜镜纹饰规律性较强，层次丰富，应是受到了花叶纹类铜镜装饰的影响。此外，还有部分花叶用平面细绳纹连接，形成了富有几何韵味的多角形纹样，这种现象在山字纹类铜镜中十分普遍，如益阳楚墓、长沙楚墓中的山字纹类铜镜。各型山字纹铜镜从早到晚遵循着一些共有的规律，羽状地纹由稀疏→较稀疏→细密；地纹之上由无叶纹或附饰简单的四叶、五叶→附饰八叶或十叶→附饰十五叶、十六叶以上；山字纹由短粗且倾斜度较小→笔画变细、倾斜度变大→笔画瘦削且从山字之一侧竖与另一山字底边相抵的连山纹图案[1]。

本书所录镜，依山字数量可分为四山镜、五山镜及六山镜，依主纹又可细分为纯四山镜、花叶纹四山镜、四山四瑞兽纹镜；纯五山镜、花瓣纹五山镜；纯六山镜。

［1］ 贺刚：《说山字纹铜镜》，楚文化研究会：《楚文化研究论集　第6集》，湖北教育出版社，2005年，第559—560页。

纯四山镜即羽状地纹四山镜，一件，地纹细致清晰，间饰粟粒纹，单体山字短粗，左旋。

花叶纹四山镜分为花瓣纹四山镜和花叶纹四山镜，前者一件，山字中竖修长，左旋，花瓣作连贯式成组布置，钮座四角向外伸出四组花瓣，每组两瓣。后者共五件，山字瘦削修长，多数左旋，亦见有右旋，皆饰有一种棒槌形叶片，其中一件为连贯式八花瓣纹，每组前端各饰一片；一件在此基础上于每个单体山字中缀饰一花瓣；二件在此基础上于钮座四边正中各伸展出一花瓣。

四山四瑞兽纹镜，一件，山字瘦削但扁平，右旋，山字纹间饰有四只写实风格的瑞兽，此种山字与动物纹的组合较为少见。

纯五山镜即羽状地纹五山镜，打破了四山纹对称的布局方式，呈环转式排列。共两件，一件单体山字较为扁平，中竖较长，左旋；一件单体山字瘦削，中竖修长，右旋，各山字纹一边的延长线与另一山字纹的底边相接，形成了一个围绕钮座的不规则五角星形。

花瓣纹五山镜，三件，山字整体修长，皆左旋，其中一件钮座外均匀分布五花瓣；一件饰箭头状花瓣纹，作连贯式成组布置，钮座向外伸出五组花瓣，每组两瓣，每个单体山字中再缀饰一瓣；一件为镶嵌镜，钮座向外、镜缘向内处各均匀分布五花瓣形嵌槽。

纯六山镜即羽状地纹六山镜，一件，单体山字较为扁平，中竖修长，各山字纹一边的延长线与另一山字纹的底边相接，形成了一个围绕钮座的不规则六角星形。

山字纹的由来和意义，或与商周青铜器上的勾连雷纹有关，是由一种“T”形纹饰演绎或移植而来[1]。另一种说法是以山字纹将现实生活中自然界的崇山峻岭象形地再现出来，在古人心中山是最崇高的形象，而山字组合在一起，有巍峨壮观和岿然不动之意。另从甲骨文、金文的角度看，山字形象为山峰并立的形状，即地面上由土石构成的隆起部分。古往今来，山与不动、安静等意象结合在一起。因此，在铜镜上使用山字表示山的纹饰，也如同福、禄、寿、喜等字一样含有强烈的吉祥寓意。古人有将“山”视为神灵崇拜之说，这种对山神的崇拜和信仰一直流传到战国时代。总之，战国时期，山字镜的大量出现是在此前人类数十万年自然崇拜心理积淀基础上产生的，它是当时人们的宗教意识的反映。西汉中期以后，山字镜因其反映的思想内容不能适应人们思想观念的转变，亦不符合人们审美情趣的要求，故不复出现。

山字纹铜镜延续存在的时间较长，对于这类铜镜年代的认识在学术界存在分歧，特别是关于其起始年代的看法有较大差异。一种观点认为山字纹铜镜始见于春秋晚期。孔祥星、刘一曼两位老师指出：“四山镜出现较早，特别是字体较粗短、花纹较简单的一种，大约在春秋晚期已经产生。”此说的根据是：“湖南湘乡东周第 4 号墓出土的此类镜，与钵、坛（罐）、豆共出；在衡阳楚墓中，它又与陶鬲共存。”[2]第二种观点认为山字纹铜镜始见于战国初期，高至喜指出：“羽状纹地四山纹镜是楚镜的主要镜种，其发生时间也较早，大概在战国初。”[3]第三种观点认为四山

[1] 孔祥星、刘一曼:《中国古代铜镜》，文物出版社，1984 年，第 30 页。

[2] 孔祥星、刘一曼:《中国古代铜镜》，文物出版社，1984 年，第 32—33 页。

[3] 高至喜：《论楚镜》，《文物》1991 年第 5 期。

纹铜镜始见于战国前期的后半段，雷从云对战国前期后半段的相关铜镜进行归纳后指出："开始为一种单一的羽状纹，或单一的云雷纹……；其后即出现了以上述纹饰为地纹，再饰以某种主题纹饰的镜子。"[1] 周世荣则将山字纹铜镜都定为战国镜，并说："四山镜是一种早期的镜子，在衡阳的早期楚墓中与陶鬲共存，直到西汉初期还有小量的出土。"[2] 但具体早到何时则未说明，而关于纹饰较复杂的山字纹铜镜的年代，相关论述较少而且略显笼统，主要的观点有如下几种。雷从云将较复杂的四山纹镜、五山纹镜、六山纹镜的年代定在战国后期，而将三山纹镜定在秦至汉初。孔祥星、刘一曼老师认为："四花八瓣四山镜，时代更晚。……其流行时代在战国中期以后了。五山镜，出现时代也较晚。……时代大约属战国中期。"但对于其他大量存在的四山纹镜则未论及它们的年代。杜廼松认为五山纹镜出现于战国晚期。高至喜则认为"山字纹镜盛行于战国中晚期"，并将十二叶四竹叶四山纹镜定在战国晚期之初，将十六叶四山纹镜定在战国晚期前段，八叶四花四山纹镜则定在战国晚期后段；对五山纹镜则认为"可早到战国中期或战国中晚期之交"，将六山纹镜定在战国晚期。高至喜所定的年代较为具体，但仍有一部分四山纹镜没有论及。

[1] 雷从云：《楚式镜的类型与分期》，《江汉考古》1982 年第 2 期。

[2] 湖南省博物馆：《湖南出土铜镜图录》，文物出版社，1960 年，第 8 页。

羽状地纹四山镜

战国

直径 112 毫米　厚 6 毫米　重 193 克

简介

圆形，四弦钮，双重凹面方钮座。主纹为四山纹，山字左旋，较倾斜，山字底边对钮座四角，每一山字中间一竖顶住镜边，山字短粗。羽状纹地，间饰粟粒纹。

艺术风格

此类镜地纹为在间隙中填以粟粒纹的羽状纹，呈现了战国时期羽状地纹一种灵活多变且独运匠心的装饰手法。粟粒纹加羽状纹的组合层次丰富，刻画精细、纤毫毕现，单元排列整齐有序的美感中，又带有以之象征动物纹躯体的生动感。

主纹为较扁平短粗的左旋山字纹，可能代表了一种较早期的样式。布局方式为山字底边正对钮座四角。

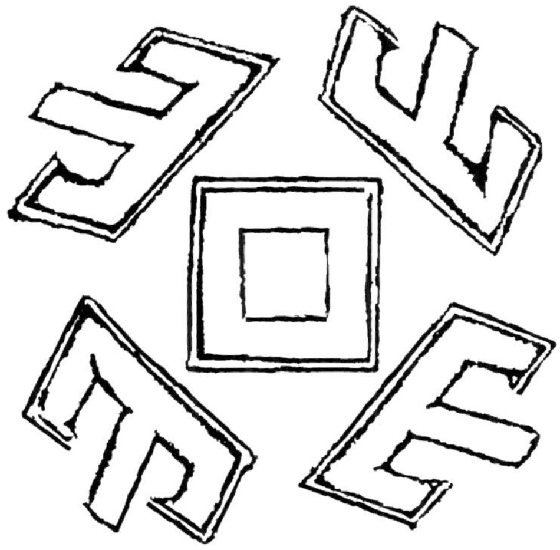

山字底边正对钮座四角的布局方式

扁平短粗的单体左旋山字纹

花瓣纹四山镜

战国

直径 123 毫米　厚 5 毫米　重 199 克

简介

圆形，三弦钮，双重凹面方钮座。钮座四角各伸出一桃形花瓣，叶尖微微翘起，并狭带向上伸展，靠近边缘处再各连结一个相同的桃形花瓣，这样就将镜背分成四等份，山字纹均匀地分布在每一等份内。四个山字均左旋，每一山字中间一竖顶住镜边，其余两竖之顶端，各有向里转折的尖角。羽状纹地，间饰粟粒纹。1958 年 10 月鄂州市鄂钢 544 工地 M1 出土一件镜，与此镜纹饰完全相同，直径 95 毫米 [1]。该类镜应为战国中期以后的楚系铜镜。

[1]　鄂州市博物馆：《鄂州铜镜》，中国文学出版社，2002 年，第 3 页图 7。

花叶纹四山镜

战国

直径 158 毫米　厚 5 毫米　重 241 克

简介

圆形，三弦钮，双重凹面方钮座。钮座四角各伸出的连贯两桃形花瓣均与一棒槌形叶片以植物茎纹相连。四个山字均左旋，每一山字中间一竖顶住镜边，其余两竖之顶端，各有向里转折的尖角。羽状纹地，间饰粟粒纹。

花叶纹四山镜

战国

直径 185 毫米　厚 7 毫米　重 467 克

简介

圆形，三弦钮，双重凹面方钮座。钮座四角各伸出的连贯两桃形花瓣均与一棒槌形叶片以植物茎纹相连。四个山字均左旋，每一山字中间一竖顶住镜边，其余两竖之顶端，各有向里转折的尖角，每个山字右侧饰有一桃形花瓣。羽状纹地，间饰粟粒纹。

花叶纹四山镜

战国

直径 165 毫米　厚 5 毫米　重 315 克

简介

圆形，三弦钮，双重凹面方钮座。钮座四角各伸出的连贯两桃形花瓣均与一棒槌形叶片以植物茎纹相连。四个山字均右旋，每一山字中间一竖顶住镜边，其余两竖之顶端，各有向里转折的尖角、每个山字左侧饰有一桃形花瓣。羽状纹地，间饰粟粒纹。

花叶纹四山镜（同模一对）

战国

直径 185 毫米　厚 6 毫米　重 475 克
直径 185 毫米　厚 6 毫米　重 480 克

简介

圆形，三弦钮，双重凹面方钮座。钮座四角各伸出的连贯两桃形花瓣均与一棒槌形叶片以植物茎纹相连；钮座四边亦各伸出一桃形花瓣。四个山字均右旋，每一山字中间一竖顶住镜边，其余两竖之顶端，各有向里转折的尖角，每个山字左侧饰有一桃形叶瓣。羽状纹地，间饰粟粒纹。

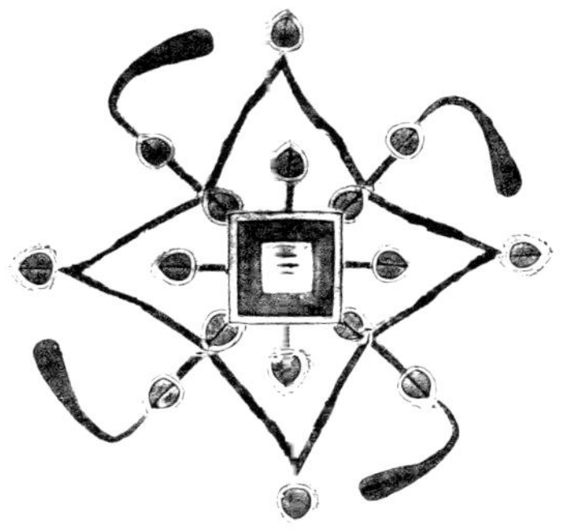

四棒槌叶十六花瓣纹的组合形式

艺术风格

此镜与本馆另一件镜为极为稀有、甚是难得的“同模镜”，即同一镜模夯制出诸多镜范后，镜范经阴干、焙烧成陶范，再用这些相同陶范浇铸出大量尺寸、纹饰皆相同的铜镜。铸镜作坊将用同一镜模铸出的一批完全相同的铜镜产品投入市场后，这些铜镜各散天涯，再次相遇的机会很小，经过两千多年，当时这批铜镜中的两件同模镜相遇机会更是微乎其微。

此类镜为山字纹配合花叶纹布置，主纹为较瘦削、中竖修长的山字纹，见有左旋和右旋两种，布局方式为山字底边正对钮座四边。

所饰花叶纹基本为三种，分别为桃心花瓣纹、较细小花瓣纹及棒槌形叶片纹。前两者通常作连贯式成组布置，在本书所录花叶镜中有过介绍，即自钮座四角向外伸出四组花瓣，每组两瓣；有时自钮座四边正中再伸出四组花瓣，每组一瓣，皆贯入纤细绳纹中。亦可以单体纹饰缀饰于山字纹中。棒槌形叶片纹通常饰于串连花瓣纹的顶端。

左旋

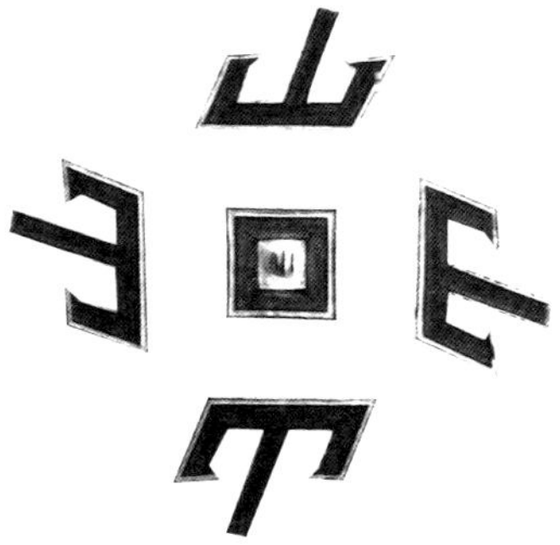

右旋

山字底边正对钮座四边的布局方式

单体桃心花瓣纹

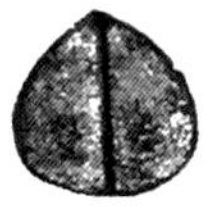

单体较细小花瓣纹

单体棒槌形叶片纹

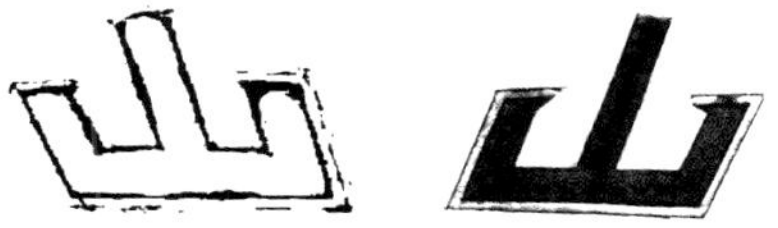

左旋　右旋

较瘦削、中竖修长的单体山字纹

四山四瑞兽纹镜

战国

直径 165 毫米　厚 7 毫米　重 438 克

简介

圆形，三弦钮，双重凹面方钮座。羽状纹地，间饰粟粒纹。主题纹饰为四山纹，四个山字均右旋，“山”字形状较为扁平，每一山字中间一竖顶住镜边，其余两竖之顶端，各有向里转折的尖角。在每两个“山”字纹之间，各饰有一头瑞兽，两兽似犬作追逐状，竖耳垂尾；两兽似鹿，作回首曲肢状。此镜纹饰繁缛秀丽，新颖别致，线条纤毫毕现，瑞兽形象生动，体态活泼，这种以四兽相间的四山纹镜极为少见，为战国铜镜的名品。

艺术风格

此类镜为山字纹配合兽纹布置，主纹为较短但较为匀称瘦削的右旋山字纹，布局方式为山字底边正对钮座四角。

所饰兽纹见有两种，分别为犬状兽及鹿状兽，风格写实，栩栩如生，描绘出激烈的动态追逐场面。

较短、较匀称瘦削的单体右旋山字纹

犬状兽

鹿状兽

山字底边正对钮座四角的布局方式

此类镜的配置极为罕见，上海博物馆藏有一件同类镜[1]，与此镜布局相似，四瑞兽皆为鹿状兽，直径164毫米，圆钮座，山字左旋，中竖修长且向右倾斜。从此镜的纹饰表现上可明显看出，此镜是用印模法印出陶范上的地纹，用范泥条贴出圆弧状凸起的四山纹及镜缘，用兽形印模在陶范上压出四瑞兽纹，待浇铸后就形成凹弧形的四山纹和镜缘，以及凸起的四瑞兽纹，然后再加工磨砺[2]。此外，传洛阳金村战国墓亦出有一件，布局相似，四瑞兽为两虎两犬，直径146毫米，方钮座，山字右旋，中竖相对较粗[3]。

[1] 上海博物馆：《练形神冶　莹质良工——上海博物馆藏铜镜精品》，上海书画出版社，2005年，第76页。

[2] 陈佩芬：《略论楚镜的铸造技术》，上海博物馆：《练形神冶　莹质良工——上海博物馆藏铜镜精品》，上海书画出版社，2005年，第31页。

[3] 霍宏伟、史家珍：《洛镜铜华：洛阳铜镜发现与研究》，科学出版社，2013年，第61页。

四山四瑞兽纹镜　战国
上海博物馆藏

四山四瑞兽纹镜　战国
传洛阳金村战国墓出土

羽状地纹五山镜

战国

直径 120 毫米　厚 5 毫米　重 246 克

简介

圆形，四弦钮，双重凹面圆钮座。羽状纹地，主题纹饰为五山纹，五个山字左旋，“山”字形状较为扁平，每一山字中间一竖顶住镜边，其余两竖之顶端，各有向里转折的尖角。五山纹打破了四山纹对称的布局方式，呈环转式排列。

羽状地纹五山镜

战国

直径 165 毫米　厚 7 毫米　重 566 克

简介

圆形，三弦钮，双重凹面圆钮座。羽状纹地，主题纹饰为五山纹，五个山字右旋，“山”字形状较为修长，每一山字中间一竖顶住镜边，其余两竖之顶端，各有向里转折的尖角。各山字纹一边的延长线与另一山字纹的底边相接，形成了一个围绕钮座的不规则五角星形。

艺术风格

此类镜山字纹布置特殊，打破了四山纹对称的布局方式，呈环转式排列。见有较为扁平、中竖较长的左旋山字；亦有瘦削、中竖修长的右旋山字，各山字纹一边的延长线与另一山字纹的底边相接，形成了一个围绕钮座的不规则五角星形。

扁平、中竖较长的单体左旋山字纹

瘦削、中竖修长的单体右旋山字纹

山字环绕钮座的布局方式

山字围绕钮座呈五角星的布局方式

花瓣纹五山镜

战国

直径 130 毫米　厚 6 毫米　重 288 克

简介

圆形，三弦钮，双重凹面圆钮座。羽状纹地，间饰粟粒纹。钮座外伸出五个翘角花瓣，主题纹饰为五山纹，五个山字左旋，“山”字形状较为扁平，每一山字中间一竖顶住镜边，其余两竖之顶端，各有向里转折的尖角。各山字纹一边的延长线与另一山字纹的底边相接，形成了一个围绕钮座的不规则五角星形，五片桃形花瓣正好对着五角星的内角。故宫博物院藏有一件五山镜与此镜纹饰类同，直径 113 毫米[1]。

［1］　故宫博物院：《故宫藏镜》，紫禁城出版社，2008 年，第 23 页。

花瓣纹五山镜

战国

直径 165 毫米　厚 5 毫米　重 331 克

简介

圆形，三弦钮，双重凹面圆钮座。羽状纹地，间饰粟粒纹。钮座外伸出五个翘角花瓣，主题纹饰为五山纹，五个山字左旋，“山”字形状较为扁平，每一山字中间一竖顶住镜边，其余两竖之顶端，各有向里转折的尖角。在主题纹饰五山字纹间饰有以植物茎纹相连的类似枫叶的纹饰，也较为少见。1958 年常德德山墓 M7 出土的羽状纹地五山镜与此镜纹饰类同，直径 190 毫米[1]。

［1］　湖南省博物馆：《湖南出土铜镜图录》，文物出版社，1960 年，第 44 页。

镶嵌花瓣纹五山镜

战国

直径 268 毫米　厚 7 毫米　重 1491 克

简介

圆形，四弦钮，双重凹面圆钮座。羽状纹地，间饰粟粒纹。钮座外伸出五个花瓣，为嵌槽。主题纹饰为五山纹，五个山字左旋，“山”字形状较为扁平，每一山字中间一竖顶住镜边，其余两竖之顶端，各有向里转折的尖角，每个山字右侧亦有花瓣状嵌槽。花瓣状嵌槽内还能看到残存的朱砂，当时可能镶嵌有玉、琉璃、绿松石等。

艺术风格

此类镜为山字纹配合花瓣纹布置，主纹为修长的左旋山字纹。见有山字间距较疏的环绕方式，亦有山字间距密，围绕钮座呈五角星形的布局方式。

所饰花瓣纹基本分为三种：细小花瓣，于钮座外均匀分布五瓣；箭头状花瓣纹，在本书所录花叶镜中有过介绍，是楚系花叶镜中的常见纹饰，作连贯式成组布置，钮座向外伸出五组花瓣，每组两瓣，每个单体山字中再缀饰一瓣；水滴状花瓣，为镶嵌预留的凹槽，于钮座向外及镜缘向内处各均匀分布五瓣。

山字间距较疏的布局方式

山字间距较密的布局方式

修长的单体左旋山字纹

单体细小花瓣纹

单体箭头状花瓣纹

单体水滴状花瓣纹

细小花瓣纹的布局形式

箭头状花瓣纹的布局形式

水滴状花瓣纹的布局形式

羽状地纹六山镜

战国

直径 190 毫米　厚 8 毫米　重 750 克

简介

圆形，四弦钮，双重凹面圆钮座。宽条素弦卷缘。羽状纹地，中间层作叶形花瓣。主题纹饰为六山纹，六个山字右旋，“山”字形状较为扁平，每一山字中间一竖顶住镜边，其余两竖之顶端，各有向里转折的尖角。各山字纹一边的延长线与另一山字纹的底边相接，形成了一个围绕钮座的不规则六角星形。此类镜存世极少，目前中国国家博物馆、上海博物馆另各珍藏一件。

艺术风格

此类镜山字纹布置特殊，呈环转式排列，单体山字较为扁平，中竖修长，各山字纹一边的延长线与另一山字纹的底边相接，形成了一个围绕钮座的不规则六角星形。

山字围绕钮座呈六角星的布局方式

肆

曲折雷纹镜·跌宕遒丽

曲折雷纹镜是指主纹以较宽的凹面磬形宽带为栏、交错相叠形成对称菱纹或磬形纹的铜镜，镜背分割为若干块，单位空间内或无纹或饰有花卉纹，地纹通常为羽状纹。目前学术界惯称此类镜为“折叠菱纹镜”，也有学者称之为“方连纹镜”[1]；还有学者依据此类镜的纹饰表现将其分为“行状式”“叠状式”与“框状式”菱纹镜[2]。我们结合此类镜主题纹饰的综合特征，在此称之为“曲折雷纹镜”。因为此类镜的主题纹饰为凹面磬形宽带，它与山字纹一样，是战国时期盛行的曲折雷纹的又一种变体。它来源于青铜器上的勾连雷纹，再根据铜镜圆形的特点，加以改变，在图案设计中，成为与镜型相配的曲折雷纹这样一种“适合纹饰”。此类曲折雷纹为战国时期楚国所特有，亦常见于楚地的织物、陶器、漆器等上，以之装饰的铜镜，出现时间较其他楚镜略晚，数量不多，流行的时间亦不算太长，但作为楚镜中的一个品类，它与其他楚镜一起同时映现着战国的时代风采，并与其他楚器保持着一脉相承的文化特征和艺术风范[3]。

曲折雷纹镜中的构图规律性极强，可能反映了楚人对九宫的认识，而构成曲折雷纹的两种符号，是表现和规范时间和空间结构的一种几何线图，都与“宇宙图式”的基本构图密切相关，正是构成这一古宇宙模型的基本图案[4]。李零先生在《中国方术考》一书中《式与中国古代的宇宙模式》一章对包括宇宙图式在内的一类有关式的图形作了详实的分析，他把式所代表的图式简称为“式图”，认为式是一个小型的宇宙模型，它的空间、时间结构

[1] 湖南省博物馆：《湖南出土铜镜图录》，文物出版社，1960 年，第 8 页。

[2] 邓秋玲：《论楚国菱形纹铜镜》，《南方文物》1996 年第 2 期。

[3] 邓秋玲：《论楚国菱形纹铜镜》，《南方文物》1996 年第 2 期。

[4] 潘钰：《试论折叠菱纹镜的图形与布局》，《湖南考古辑刊》2009 年。

和配数、配物原理处处都带有仿真的特点[1]。宇宙是古代中国思想世界的意义和价值的重要来源，从意识形态上来说，中国古代文明是在一个整体性的宇宙形成论的框架里面创造出来的[2]。在南方楚地，古宇宙结构理论已融入了一般意识形态的丧葬观念与习俗当中,在社会形成了广泛的认知。先秦时代人们的思想之中，有着一套仪式、象征与数字化的世界秩序，而代表了当时最先进制造技术的铸镜工艺，更是可能与当时社会最为普遍的思潮相结合，以图形的形式，将术数理论与天人宇宙观体现并保存下来。于是曲折雷纹镜镜背上看似简单的纹饰，彰显出深远的意义来，以“L”与“/”将作为“天”形状的圆镜分割为九块，恰如二十八星宿图上天与九州的关系，其整个镜背即成为一个极类似于从宇宙视角俯视大地的视角——中央、四极、九州的全部呈现[3]。

此类铜镜的年代，过去多笼统地定为战国。如梁上椿在《岩窟藏镜》中定为“战国作”，周世荣认为“时代晚于山字镜”，雷从云进一步提出流行年代“在战国后期，晚期镜可至秦至西汉初期”。孔祥星、刘一曼两位先生亦认为“此类镜的出现晚于四山镜”，并将曲折雷纹镜的年代定在战国中期。

曲折雷纹作为铜镜的主纹使用时间不长，但作为辅助纹饰延续的时间却很长，其所占位置是逐渐衰退的。开始作为主纹，位置显赫；第二步是增加了花、叶、禽鸟等辅助纹饰，但仍以此纹为主；第三步此纹开始应用于蟠龙（凤）纹镜上，作为龙凤纹的搭配纹饰，起到间隔或连接作用；第四步此纹在龙凤纹镜上的应用得到进一步发展，各占一半位置，与龙凤纹等平分秋色；第五步是此纹退居次要位置，只能作为主纹的辅助纹饰；第六步落到了只起点缀作用的地位，所占位置很小；最后此纹更为简单，只剩下不完整的菱形，标志着菱形纹行将消失，这时已到西汉早期之末。

本书所录镜，依纹饰及布局等变化可分为曲折雷纹镜、对称曲折雷纹镜、对称曲折雷纹花卉纹镜，各一件。曲折雷纹镜为连贯式排列，对称曲折雷纹镜为对称式排列，对称曲折雷纹花卉纹镜为雷纹间加饰花卉纹。

[1] 李零：《中国方术考》，东方出版社，2001年，第89页。

[2] 张光直：《美术、神话与祭祀》，郭净译，辽宁教育出版社，2002年，第109页。

[3] 邓秋玲：《论楚国菱形纹铜镜》，《南方文物》1996年第2期。

多折曲折雷纹镜

曲折雷纹镜

战国

直径 111 毫米　厚 5 毫米　重 170 克

简介

圆形，三弦钮，双重凹面方钮座。主题纹饰为曲折雷纹。尽管曲折雷纹在战国镜当中较为常见，但此镜的曲折雷纹排列形状十分别致，分别是四组对称的曲折雷纹，分布在钮座的上下左右四个方向。每一组曲折雷纹都不是闭合的图案，而是留有缺口，中间穿插了直角几何纹。四个直角几何纹又围成一个正方形，与钮座的形状相互呼应。配以羽状地纹的装饰，显得神秘庄重。1954 年长沙南门广场 M3 战国墓出土一件铜镜与此镜纹饰完全相同，直径 123 毫米[1]。

[1] 湖南省博物馆：《湖南出土铜镜图录》，文物出版社，1960 年，第 47 页。

[2] 湖北省荆州地区博物馆：《江陵马山一号楚墓》，文物出版社，1985 年，第 43 页。

艺术风格

此镜的羽状地纹单位纹饰较大，较好地映衬凹面宽带主纹，钮座亦搭配凹面宽钮座，整个画面和谐均衡。同类型亦见有多折曲折雷纹镜，多折即单体曲折雷纹折叠处增加。

此镜所饰曲折雷纹是楚国的常用纹饰，在楚国器物中存在多种样式，不同材质的器物如织物、漆木器、陶器、铜器等，其构成形式不尽相同。以丝织品为例，其主要依靠经线和纬线的组织变化形成纹样，这些纹样以几何形为主，其中锦是以彩色丝线用平纹或斜纹的多重或多层织成的提花织物，以经线显花，是楚国出现的频率最高、纹样种类最多、制作最精美的织物，体现了楚人高超的织造技巧。以曲折雷纹为主纹的锦，如湖北江陵马山一号楚墓所出大菱形纹织锦[2]，与此镜单体纹饰类同，于不同质地的载体上分别进行匠心设计，显得各有趣致。

织锦上的大菱形纹

铜镜上的曲折雷纹

对称曲折雷纹镜

战国

直径 130 毫米　厚 7 毫米　重 292 克

简介

圆形，三弦钮，柿蒂形钮座。主题纹饰由对称的曲折雷纹构成。这种对称的布局给整个画面带来一种和谐感与平衡感，体现出中国古代工匠追求完美的艺术品位。此外，在和谐感与平衡感之内，又分明包含了丰富的变化，使构图更加灵动。配以羽状地纹的装饰和衬托，更显飘逸灵动的艺术性。此镜仅以磬形凹面宽带交错相叠的纹饰布局，在同类镜中极为少见。

艺术风格

此镜的构图为对称形式，布排较密集，富有空间秩序感。该种布局方式，另见有布排较疏朗，曲折雷纹形式稍有变化的平行曲折雷纹镜。

此镜所饰曲折雷纹错落有致，均衡协调，具有楚地独有的风格特点。

对称曲折雷纹

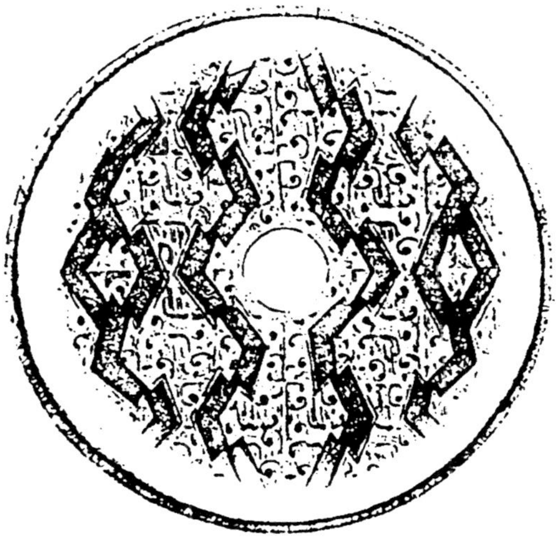

平行曲折雷纹镜

对称曲折雷纹花卉纹镜

战国

直径 135 毫米　厚 5 毫米　重 260 克

简介

圆形，三弦钮，圆钮座。窄素缘。钮座外四方伸出四叶桃形花卉。羽状纹地，主纹曲折雷纹规则有序地排列，从而形成九个不规则的纹饰区域，每区饰一四瓣或单瓣花卉纹，花蕊部应镶嵌有其他饰物，现已脱落。1955 年长沙廖家湾战国墓 M38 出土一件与此镜纹饰完全相同的铜镜，直径 120 毫米 [1]；同样纹饰的铜镜在长沙湖桥 M19 亦出土一件 [2]。

［1］　湖南省博物馆：《湖南出土铜镜图录》，文物出版社，1960 年，第 46 页。

［2］　高至喜：《论楚镜》，《文物》1991 年第 5 期。

艺术风格

此种与镶嵌用花卉纹组合设计的铜镜，见有对称曲折雷纹九花卉镜，与此镜大体相同，唯镜缘处非单片花瓣纹，而饰以四朵三瓣花卉；亦见有曲折雷纹内饰四朵花卉、钮座四角分别饰两片花瓣纹的铜镜。以曲折雷纹与花叶纹作为组合，可能亦为楚地有关古宇宙结构理论的传承体现。

此镜所饰曲折雷纹为对称形式，布排较疏朗，间饰花卉花瓣纹，相得益彰，使得纹饰组合既生动又具美感。

对称曲折雷纹花卉纹

对称曲折雷纹九花卉镜

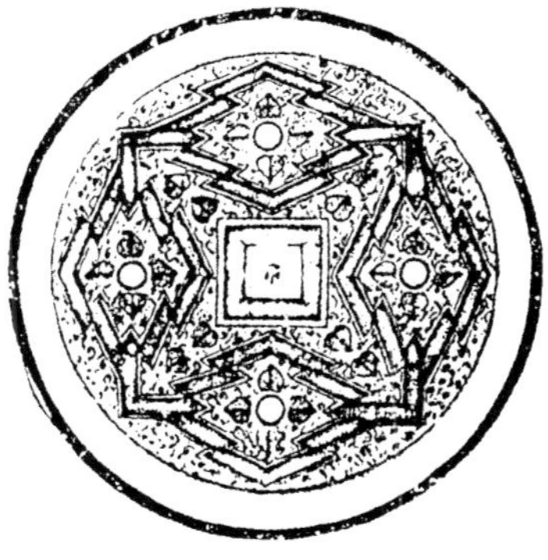

曲折雷纹四花卉八花瓣镜

伍

禽兽纹镜·横驰随翔

禽兽纹镜是指主纹为禽兽纹的铜镜，地纹通常为羽状纹及云雷纹。此类纹饰通过对自然生灵进行综合归纳、勾勒描绘，从而创造出理想化的形象，并在逐渐演化中，形成了完全抽象化、图案化的形式，烘托出一种雄浑、神秘和充满力量的气韵，凸显了那个时代特有的鲜明风格。

禽兽纹镜的主纹，大致可分为兽纹类、禽鸟纹类、幻想动物纹类等，兽纹类常见有虎纹、蜼纹等各类兽纹；禽鸟纹类常见有各类鸟纹；幻想动物纹类常见有饕餮纹、凤纹、龙形兽纹等。

兽纹类镜中，虎纹镜多见于中原地区。虎是中华民族原始先民的图腾崇拜物，又是辟邪禳灾、引领升仙、庇护保佑先民的吉祥之物[1]，以此设计成的主纹种类多样，该类镜界面多作环绕式布局，由三至五只首尾相接的虎构成。蜼纹镜多见于楚国地区，蜼即一种体型较大的长尾猿猴，有遇雨身悬于树、以尾塞鼻之习性，故以其象征祈雨[2]，此类镜界面亦为环绕式布局，多布置为四至五只，各蜼之间相连，以前爪攀握另一蜼之长尾。此外，在三晋和秦国地区见有一种卷尾曲躯兽纹镜，为双圈环绕式布局，内外圈各饰三或五只不同形态的卷尾兽，其身填满粟粒纹。

禽鸟纹类镜多见于楚国等南方地区，常见一种雀鸟纹，为振翅垂尾的侧视形象，通常与叶纹及几何纹相配合作为主纹，或饰于凤纹间作为辅纹，多为向心式布局。另有一种鹦鹉纹，栖于菩提枝上，与蟠龙纹互相映衬，为环绕式布局。

［1］ 董波：《中国古代铜镜上的虎纹饰初探》，《收藏家》2014 年第 4 期。

［2］ 冯毅：《战国四蜼镜》，《收藏》2011 年第 2 期。

幻想动物纹类镜中，饕餮纹镜目前仅见于中原地区，饕餮纹或许为一种神人面，具有一定的宗教意义，以钮为中心，作上下对称式布局。凤纹镜多见于楚国地区，楚人视三皇五帝时期夏官火正祝融为祖先，故崇拜凤鸟。凤鸟纹饰种类较多，见有长尾形、圆涡形、藤蔓形等，多与龙纹、各类禽鸟纹、花叶纹与几何纹等相配合，见有向心式、环绕式等布局方式。龙形兽纹镜较为少见，具有中原地区细部写实与楚国地区风格写意相结合的特征，主纹为一种类龙类兽的纹饰，单体纹饰间相互勾连，为环绕式布局。

禽兽纹镜整体分布的地区较广泛，河南、山西、湖南、湖北、四川、陕西、河北等地均有出土，最早约出现于战国早、中期，其中饕餮纹镜、凤纹镜、禽鸟纹镜的出现略晚，时代在战国中期以后，流行于战国晚期。

本书所录镜，其主纹类别可分为兽纹、蟠纹、禽鸟纹、龙形兽纹、凤纹，其中兽纹又可分为瑞兽纹、变形兽纹、叶纹兽纹。兽纹镜共三件，羽状地纹四瑞兽纹镜、羽状地纹变形兽纹镜、羽状地纹四叶四瑞兽纹镜各一件。蟠纹镜共两件，羽状地纹四蟠纹镜和羽状地纹五蟠纹镜各一件。禽鸟纹镜一件，为羽状地纹变形禽鸟纹镜。龙形兽纹镜一件，为羽状地纹四龙形兽纹镜。凤纹镜一件，为羽状地纹四凤纹镜。

羽状地纹四瑞兽纹镜

战国

直径 140 毫米　厚 3 毫米　重 313 克

简介

圆形，三弦钮，圆钮座。座外凹面环带环绕一周。素缘。整体以羽状纹为地纹，主题纹饰为四瑞兽纹。瑞兽长鼻，头部前伸出两齿状物，身体扭曲，长尾上卷似海鼠状，兽身饰粟粒纹。此镜纹饰由凸线条组成，以强有力的线条勾出图案的主要外形。此类题材纹饰在铜镜中较为罕见。湖南长沙出土过诸多此类的铜镜[1]，该镜应为楚系铜镜。

［1］ 湖南省博物馆：《湖南出土铜镜图录》，文物出版社，1960 年，第 48—55 页。

艺术风格

此镜布局方式为环绕式布局，给人以流畅和谐的感觉，四瑞兽布排得当，精妙地在静态界面中呈现出一种极具韵律的动态感。单体兽纹刻画逼真，灵动俏皮，充分体现了制镜匠人的巧思。

四瑞兽纹

单体瑞兽纹

羽状地纹变形兽纹镜

战国

直径 141 毫米　厚 6 毫米　重 183 克

简介

圆形，三弦钮，圆钮座。座外凹面环带环绕一周。素缘。整体以羽状纹饰为地纹。主题纹饰为四兽，兽头短耳，四足分别在兽躯的内部，从整体看是一周勾连的兽纹，四兽的构图用纯熟流利的单线勾出轮廓。变形抽象的兽纹在同时代的铜镜当中较为少见。1954 年湖南长沙子弹库 M3 出土一件铜镜与此镜纹饰相同，直径 144 毫米[1]。

[1] 湖南省博物馆：《湖南出土铜镜图录》，文物出版社，1960 年，第 54 页。

艺术风格

此镜为环绕式布局，主纹可能为兽躯简省变形的形式，单线条简洁利落，兽与兽之间相互勾连，营造出争相追逐的画面感。

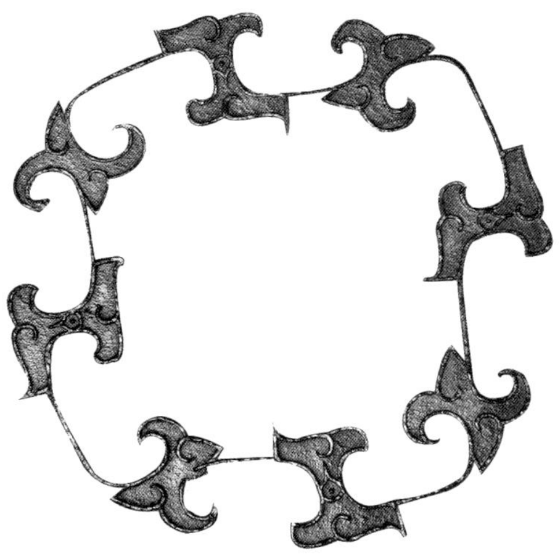

变形兽纹

羽状地纹四叶四瑞兽纹镜

战国

直径 142 毫米　厚 4 毫米　重 226 克

简介

圆形，三弦钮，圆钮座。座外凹面环带环绕一周。素缘。整体以羽状纹饰为地纹，钮座外四方饰有四片叶纹，主题纹饰为四只四足瑞兽。瑞兽昂首挺胸，张嘴咆哮，甚是威严。其中三足着地，唯右前足抬起。兽身饰有圆圈纹及粟粒纹。像这种将花叶纹与瑞兽纹饰结合起来的装饰艺术在战国镜当中并不常见，可能为一种山林狩猎题材。

艺术风格

此镜以兽纹与叶纹搭配设计，以“十字形”叶纹划分出四个空间，各空间饰一兽，兽足踏叶片边缘，具有视觉稳定感。此外，镜缘处饰四处波浪状纹饰，使得整个画面更添趣致，动感十足。

此镜所饰单体瑞兽纹态势凶猛，兽口大张，体魄矫健，细节刻画逼真，似可见其毛发筋骨。

四叶四瑞兽纹

单体瑞兽纹

羽状地纹四虺纹镜

战国

直径 166 毫米　厚 6 毫米　重 350 克

简介

圆形，四弦钮，圆钮座。主题纹饰为四只长尾兽。兽长吻，俯首，故未能辨认其脸部细节。从脸部处有一细长条的东西延伸出来，抵至素缘带，不似耳亦不似角，疑为独特的毛发。右前爪抓住前一只的尾部，左前肢和左后肢伸至镜缘内侧，右后肢踏于钮座外侧。1952 年湖南长沙斗笠坡 M744 出土一件镜缘涂绘朱漆的兽纹镜，十分罕见，可作参考[1]。

[1] 湖南省博物馆：《湖南出土铜镜图录》，文物出版社，1960 年，第 51 页。

四兽纹彩绘镜 战国
湖南省博物馆藏

艺术风格

此镜为环绕式布局，疏朗灵动，长沙斗笠坡 M744 出土之兽纹镜与此镜纹饰相近，此外于镜缘上朱绘杯纹，即一个大菱形两边各配一个小菱形，形似耳杯，战国秦汉文献称作“杯纹”。考古发现的战国漆绘镜，均出于湖北、湖南、河南三省楚墓中，因此可以说是楚国的特产，这与当时楚国漆工艺的高度发达和普遍使用有关，体现了楚国地区独特的装饰风格。

此镜纹饰刻画生动，环绕勾连，单体蜼纹首部为立体浮雕造型，惟妙惟肖，跃然而出。

四蜼纹

单体蜼纹

羽状地纹五雌纹镜

战国

直径 141 毫米　厚 5 毫米　重 200 克

简介

圆形，四弦钮，圆钮座。镜钮饰小巧立体叶片一对，座外凹面环带环绕一周。素缘。整体以羽状纹饰为地纹。主题纹饰为五只蜼纹。兽长吻，俯首，头上长有两角，双目炯炯有神。五蜼长尾身宽，体格健硕。右前爪抓住前一只的尾部，左前爪抵至镜子边缘带，右前脚抵至钮座外的凹面环带。充分呈现出战国先民对蜼兽的浪漫想象和敬畏崇拜。

艺术风格

此镜为环绕式布局，五蜼首尾相连，作追逐奔跑状，在静态界面中形成一种奇妙的动态感。兽首作立体浮雕，筋骨指爪入木三分，长尾卷曲似摇曳，栩栩如生，灵动欲活。

五蜼纹

单体蜼纹

试论战国蜼纹镜

战国时期的蜼纹镜皆圆形，弦纹钮，圆钮座，座外一周宽凹面环带。主题纹饰为细密的羽状地纹上四至五只的同形长尾瑞兽，皆长吻，圆睛，仰视上方，双耳后抿，右前爪抓住前一只尾部，左前肢伸至镜缘内侧，左后肢踏于钮座外侧，左长尾相触。此类纹饰题材的铜镜在战国并不少见，形成了一个特有的铜镜类别。我国学术界长期以来一直称这类铜镜为“战国兽纹镜”，那么这究竟是什么兽呢？管维良先生《中国铜镜史》一书中将这类铜镜称为“四蜼镜”[1]，初次提出了对此类铜镜更确切的称谓，即此镜上的兽为“蜼”。本文我们就所掌握的资料对“蜼”这一称谓作一分析。

《汉语大字典》中解释：“蜼”，一种体型较大的长尾猴，黄黑色，尾长数尺。

《山海经》中记载过这种名叫“蜼”的动物，《中山经》鬲山、《海外南经》狄山、《海内西经》昆仑山都有蜼的身影。郭璞注曰：“蜼似猕猴，鼻露上向，尾四五尺，头有歧，苍黄色。雨则自悬树，以尾塞鼻孔，或以两指塞之。”

《岭外代答》又曰：“深广山中，有兽似豹，常仰视天，雨则以尾窒鼻，南人呼为倒鼻鳖。捕得则寝处其皮，士夫珍之以藉胡床，今冕服所画蜼是也。夫兽能以尾窒鼻御雨，斯亦智矣，其登于三代之服章，厥有由哉！”

结合古籍中的描述以及现代动物学方面的知识，有理由推测“蜼”可能就是灵长类动物长尾猿。蜼在先民心目中具有何种涵义？我们以为毫无意义的动物纹饰是不会如此频繁地出现在铜镜上的，因为所有民俗类别对镜的运用，都是有思想信仰支撑的，那就是相信镜的光明、无所不照的本性，能给人类带来吉祥，驱走一切黑暗妖魅。所以，这类镜必定代表了人们的一种祈求吉祥的愿望。

远古先民与动物朝夕相处，视动物为朋友，对动物的观察也细致入微。人们在长久的观察中，掌握了长尾猿在雨天“以

[1]　管维良：《中国铜镜史》，重庆出版社，2006年，第39页。

尾塞鼻孔”这一生物习性，随后将其移位到人文领域里来，就顺理成章地把蜼看作是雨水的象征。宋代有一位名叫罗愿（1136—1184）的方志学家，撰写了一部《尔雅翼》。他在这部书里说：“古者有蜼彝，画蜼于彝，谓之宗彝。又施之象服。夫服器必取象此等者，非特以其智而已，盖皆有所表焉。夫八卦六子之中，日月星辰可以象指者也，云雷风雨难以象指者也。故画龙以表云，画雉以表雷，画虎以表风，画蜼以表雨。凡此皆形著于此，而义表于彼，非为是物也。”从“画蜼以表雨”这句话也可以看出蜼在古人的认知当中是与雨水挂钩的。于是古人只要提到蜼的时候，便知道其所指是雨、祈雨、下雨，而雨水对于靠天吃饭的农耕社会来说，自是至关重要的。

据文献记载，蜼在周代便出现在天子的衣饰上和高贵的祭礼中。古时的礼器中有宗彝一类，刻有蜼纹的彝器，就名之曰“蜼彝”，被认为是智慧的象征。《周礼·春官·司尊彝》有曰：“凡四时之间祀追享、朝享，祼用虎彝、蜼彝，皆有舟。”郑锷注曰：“先儒谓虎者，西方之义兽。蜼似猕猴而大，其鼻上勾，雨则自垂于树，以尾塞鼻，盖兽之智也。……刻以蜼，以其智也。”在彝器上刻画蜼的形象，以象征智慧，以代表被祭祀的神灵或祖先是智者，想必来源于蜼在遇雨时把尾巴塞到鼻孔里去避雨这一如人甚至超人的智慧。

由此可以看出蜼在铜镜上的出现有其必然性。一方面蜼象征着雨，古人对它的崇拜表达了农耕社会“靠天吃饭”时期，人们对雨水充足、五谷丰登的期望。另一方面，蜼也是智慧的象征，它表达了人们对智慧的崇拜，祭祀时对祖先或神灵智慧的颂扬，以及对依靠自身能力和智慧改造环境的企望。

综合以上两个方面的讨论：

（一）文献所记载的“蜼”的形状与此镜中的瑞兽形态对比，皆具备似猿、长尾、常仰视的特征；

（二）探讨古人赋予“蜼”的意涵，有祈雨意愿的表达，可进一步引申到对智慧的崇拜。

所以，我们以为此类镜纹饰中我们惯称的兽即“蜼”，此类镜可称之为“蜼纹镜”，它是古人将“祈雨”和“智慧崇拜”的愿望寓情于镜的作品。

羽状地纹变形瑞兽纹镜

战国

直径 160 毫米　厚 6 毫米　重 280 克

简介

圆形，三弦钮，圆钮座。座外凹面环带环绕一周。素缘。整体以羽状纹饰为地纹。主题纹饰为变形的瑞兽纹，共有四组。每组由一个鸟首纹饰和一个旋风状的纹饰构成，各组之间皆勾连相接，将整个主题纹饰区填充布满。

艺术风格

此镜为环绕式布局，旋风状纹饰可能为一种变形瑞兽纹，其缀有羽状纹或流云状纹，似是在表现一种飞翔的状态，与四只形态各异的禽鸟相配合，仿佛呈现翩跹飞舞的动态感。

变形瑞兽纹

羽状地纹四龙形兽纹镜

战国

直径 235 毫米　厚 8 毫米　重 816 克

简介

圆形，三弦钮，圆钮座。羽状地纹，座外凹面环带环绕一周。素缘。主纹为四只祥龙状兽，呈回首状，身躯修长，脖颈卷曲，冠羽飘逸，翎尾延伸到另一只龙形兽的后爪，四龙形兽首尾相接。平王东迁后，周王室内外交困，势衰力微，实际上丧失了天下共主的地位，诸侯纷纷坐大，在“尊王攘夷”的旗号下争夺霸权，形成“政由方伯”的局面。结合战国时期群雄割据、诸侯争霸、战争不息的动乱社会，这些“惊回首”而骚动不安的龙形纹，似乎折射了这个动乱的社会背景。

艺术风格

此镜为环绕式布局，龙形兽纹身躯作写意风格，呈曲涡状，翎尾弯卷，相互交连，爪部细节却刻画写实，以凌厉之态一爪紧踏钮座，一爪抓握另一兽之尾部，使龙形兽具威猛凛然之感。整个界面线条流畅，“惊回首”之兽躯凛凛威仪，弯卷长尾柔美，利爪刚猛，互相映衬，相辅相成。

四龙形兽纹

单体龙形兽纹

羽状地纹四凤纹镜

战国

直径 145 毫米　厚 6 毫米　 重 196 克

简介

圆形，三弦钮，圆钮座。座外凹面环带环绕一周。素缘。整体以间填粟粒纹羽状纹饰为地纹，主题纹饰为四只凤鸟。凤鸟呈回首状，身躯修长，脖颈卷曲，尾巴延伸到另一只凤鸟的后爪，四只凤鸟构成首尾相接般的阵势，灵动舒张，神秘瑰丽。此类凤鸟纹形态飘逸，为战国时期楚地所流行，反映了楚文化中崇尚凤鸟的风俗。

楚国的各种凤鸟纹

艺术风格

此镜为环绕式布局，凤鸟造型作写意风格，身躯弯卷，长尾飘逸状若植物枝叶，交相接连，柔丽舒雅，描绘皆使用圆滑线条，唯近镜缘处之翎尾设计为锐角凸起，整个界面形成“十字形”四分空间，给人以视觉稳定性。

此镜所饰单体凤纹为楚国常见风格，在楚国器物中，此类凤鸟纹是极具地域特色的纹样。楚人一方面继承、发展了商、西周以来的凤鸟纹，另一方面由于祝融亦被楚人认为是其祖先之一，而凤正是祝融的象征，因而楚人在器物中有意地突出了凤纹的地位，其数量远超东周时期中原地区的诸侯国。

四凤纹

单体凤纹

陆

龙凤纹镜·柔桡嫚嫚

龙凤纹镜即主纹为龙或凤类纹饰的铜镜，战国时期此类镜是比较丰富的铜镜类别，龙、凤形象在战国铜镜上的表现变化多端，并随着龙、凤在各自的文化领域内的发展演变而不断推陈出新。龙是一种并不存在的、幻想的动物，系多种动物身体特征的结合，其作为铜镜纹饰经过艺术加工后，有的已不辨首尾，有的已成了几何形纹饰。

本书所录龙凤纹镜可分为两大类，一是蟠龙（凤）纹类镜，二是变形龙凤纹类镜。

蟠龙（凤）纹类镜，是蟠螭纹镜的一部分，所谓蟠就是缠绕叠压、勾连交错的意思。关于此类镜出现和流行的年代，梅元末治和高去寻在各自的著作中对各家的观点有所介绍。富冈谦藏首先提出这种铜镜是早于汉代的，但在王莽时期还继续沿用。后藤守一认为具有地纹者流行于战国末、西汉时期，无地纹且该纹饰已形式化者，流行于西汉末至东汉时代。咯尔白克则把它看成是楚国地区的铜镜。对这些观点学术界既有赞成的，也有反对的。富田幸次郎、梅元末治和屈麦尔认为，它们属于公元前二世纪之物，即西汉时代的铜镜。郭沫若在《寿县所出楚器之年代》中说："案其镜之有铭者，文曰'大乐富贵，千秋万岁，宜酒食鱼'，鱼字类图形，其它均在篆隶之间而与隶近，文辞亦类汉人语。[1]"据此他将有铭文者划归汉代。高去寻认为这种铜镜流行于西汉淮南王刘安时代前后。近三十年来，由于更多的此类镜的发现，特别是其中不少出土墓葬时代明确，使我们对它们的时代及演变关系有了较清楚的了解。长沙侯家塘 M13 曾出土一种钮作三弦钮、

[1] 郭沫若:《金文丛考》，人民出版社，1959，第 409 页。

地纹细密清晰、主纹为单线条蟠螭的铜镜。这种铜镜与鼎、豆、壶同出，时代属战国中期。地纹模糊的蟠螭纹镜，包括镂空钮蟠螭纹镜、四叶蟠螭纹镜、蟠螭菱纹镜的出现较晚，在湖南地区的墓葬中，多与鼎、合碗式敦、壶或鼎、盒共存，时代属战国晚期。双线蟠螭纹镜，出现更晚，如双线蟠螭菱纹镜，出于陕西凤翔高庄M46秦代墓中。蟠螭纹镜在秦、汉初仍然流行，但地纹变得粗拙，主纹由单线变成双线或三线，而且还出现了铭文，有了新的特征。蟠螭纹镜分布的地区较广泛，在陕西、河南、湖南、湖北、安徽、江苏、四川、广东等地均有出土。

那么，在此我们为何不沿用“蟠螭纹镜”这一约定俗成的名称呢？现今意义上的蟠螭纹已绝非仅仅包括无角小龙盘绕勾连的纹饰了。孔祥星等在《铜镜鉴藏》中说：“所谓蟠螭纹，题材较复杂，大多是指盘曲的龙、蛇、怪兽图案，它也包括盘曲的凤鸟、怪禽等。”[1] 所以蟠螭纹已是战国秦汉时期缠绕叠压、勾连交错的动物纹的代名词。本书着重介绍的是战国蟠龙（凤）纹镜，若再延用蟠螭纹镜的名称，就超出了我们的界定范围。故在此种情况下，我们只需清楚地认识到以下两点：

1. 蟠螭纹镜里包括蟠龙（凤）纹镜；

2. 此类蟠龙（凤）纹镜的突出特点是龙、凤纹以线条状形式勾勒，且相互缠绕叠压、勾连交错，身、翼呈弧形蔓枝状。

此类镜是战国晚期的一种新型铜镜，线条的使用与构图方法都与其他镜有所差异。本书所录蟠龙（凤）纹镜，可分为蟠龙纹镜、蟠凤纹镜、分区蟠纹镜、菱纹蟠纹镜四类。其中蟠龙纹镜共六件，

[1] 孔祥星、刘一曼：《铜镜鉴藏》，吉林科学技术出版社，2004年，第13页。

战国时期铜镜的蟠龙（凤）纹

战国时期铜镜的变形龙凤纹

可分为蟠龙纹镜（一件）、三蟠龙纹镜（一件）、刻花鼻钮三蟠龙纹镜（一件）、四蟠龙纹镜（二件）、伏兽钮四蟠龙纹镜（一件）；蟠凤纹镜共两件，可分为云雷纹地纹蟠凤纹镜和伏兽钮蟠凤纹镜；分区蟠纹镜共三件，分别为：分区式凤鸟蟠龙纹镜、分区式瑞兽蟠龙纹镜、分区式瑞兽三龙持栏纹镜；菱纹蟠纹镜共三件，分别为：菱纹间隔蟠龙纹镜、菱纹间隔三蟠龙纹镜、菱纹间隔龙凤同体纹镜。本书所录此类镜的特点是：宽卷缘，主纹变化多样，地纹以云雷纹为主，圆形钮座，除弦纹钮外，还有刻花鼻钮、伏兽钮等。主纹环绕布置，龙或凤纹分为三至四组。

变形龙凤纹类镜属于艺术化变形的龙凤纹镜，战国晚期的铜镜制造业继续推陈出新，创新图变，此类铜镜既继承了战国以来的龙凤纹镜传统风格，又在纹饰内容及布局方式方面有所创新，其中新纹饰的运用，如柿蒂纹、重叠花叶纹、连弧纹镜缘等；内外分区式的纹饰布局方式；主题纹饰四分法的纹饰配置等均又开启了令人耳目一新的铜镜纹饰题材及布局设计的先河，这些新纹饰和布局手法在汉代铜镜设计中被广泛应用，其承前启后的角色在中国铜镜发展史上独具一格。

本书所录变形龙凤纹镜，可分为龙纹镜、凤纹镜、龙凤纹镜。龙纹镜共三件，可分为三龙纹镜（两件）和分区式瑞兽花叶四龙纹镜（一件）。凤纹镜一件，为柿蒂纹八凤镜。龙凤纹镜共二件，分别为连弧纹龙凤纹镜和柿蒂纹龙凤纹镜。变形龙凤纹镜镜纹饰丰富，有的龙身作菱形变形，地纹为双线勾连雷纹，双线内外均填以密集的珠点纹。在地纹之上三龙绕钮分离配列，龙头较小，长唇外卷，头上有角，长颈，身躯纠结成菱形，有C形长尾，有些其中二龙尾之中部有燕形小翼，另一龙尾中部有花苞状纹饰。三龙的足部弯曲，伫立于凹面形环带之弦纹圈上，有的伫立于镜缘内侧。有些龙凤纹形象华丽多姿，经过艺术处理的龙凤纹形象已经接近花卉忍冬纹造型。

蟠龙纹镜

战国

直径 145 毫米　厚 6 毫米　重 221 克

简介

圆形，三弦钮，圆钮座。宽卷缘。座外饰一周凹面宽带和一周凸弦纹。云雷纹地，主题纹饰为蟠龙纹，龙身修长飘逸，蜿蜒缠绕若枝蔓状，形成繁密富丽的环状纹饰。此类镜出土量较大，在先秦时期的楚国地区颇为流行。

艺术风格

此镜的环状纹饰形若花冠，华丽非常，由繁缛堂皇的龙纹构成，代表了楚镜的一种装饰手法。楚国地区龙纹不仅数量较多，且造型样式繁多，各类器物中所出现的龙纹鲜有完全一样的造型，此类蟠龙纹镜亦呈现了诸多不同形态的龙纹盘绕勾连的方式，体现了楚人不守成规、因势而变的装饰原则。

蟠龙纹

单体蟠龙纹

三蟠龙纹镜

战国

直径 190 毫米　厚 8 毫米　重 456 克

简介

圆形，三弦钮，圆钮座。宽卷缘。座外饰一周凸起的纤细绳纹，再饰一周凹面宽带。云雷纹地，单位地纹相对较大。主纹为三组蟠龙，口大张，冠羽飘逸，关节缀以祥云设计，三龙相互缠绕处呈菱纹状，或是来自战国时期楚地丝织品的纹饰。

艺术风格

此镜层次分明，以细密清晰的云雷纹为地，依次由绳纹、凹面宽带、斜线纹等作为纹饰界栏，共同映衬环状主纹。主纹饰带元素丰富，龙首态势凶猛，龙身则回旋弯转相互勾连，细部点饰玲珑祥云，展现出一种柔丽窈娜的气韵，而缠绕处设计为方正硬朗的菱形转角，呼应龙首威仪，整个画面在刚柔之间形成了美妙的和谐感。

三蟠龙纹

单体蟠龙纹

刻花鼻钮三蟠龙纹镜

战国

直径 192 毫米　厚 6 毫米　重 425 克

简介

圆形，刻花鼻钮，圆钮座。宽卷缘。座外饰一周凹面宽带和一周斜线纹。云雷纹地，主纹为三组蟠龙，张口吐舌，昂首摆尾，态势凶猛，关节处作祥云状设计，三龙相互缠绕，构图相对疏朗。

艺术风格

此镜体现了三蟠龙纹的另一种表现风格，线条较粗，构图疏朗，龙纹身躯点饰细小涡纹，态势刻画利落凌厉，同时亦不失楚地灵秀飘逸之风。值得一提的是此镜采用罕见的刻花鼻钮，精巧细致，楚国制镜工艺可见一斑。

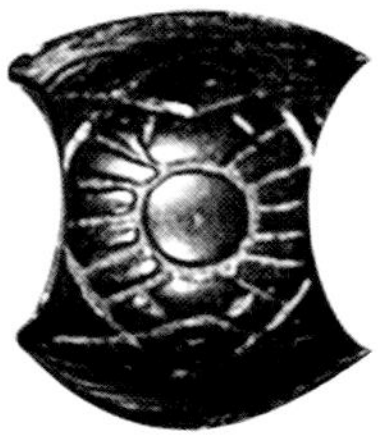

刻花鼻钮

三蟠龙纹

单体蟠龙纹

四蟠龙纹镜

战国

直径 145 毫米　厚 5 毫米　重 158 克

简介

圆形，双弦钮，圆钮座。宽卷缘。座外饰一周凹面宽带。云雷纹地，主纹为四组蟠龙，龙身较纤细，关节处缀饰祥云，盘绕作藤蔓状，构图相对繁密。

艺术风格

此镜纹饰纤幼细巧，颇具匠心地将蜿蜒龙身演化为缠连柔媚的植物枝蔓，将两种不同元素糅杂融合，使之合体互感。此类独特的装饰手法流行于楚国地区，常见于楚国刺绣上，体现了楚人的巧思妙想及高超的设计手法。

单体蟠龙纹

四蟠龙纹

楚绣中的龙纹与植物纹复合造型

四蟠龙纹镜

战国

直径 185 毫米　厚 8 毫米　重 510 克

简介

圆形，双弦钮，圆钮座。宽卷缘。座外饰一周凹面宽带。云雷纹地，主纹为四组蟠龙，龙身较纤细，关节处缀饰祥云，盘绕作藤蔓状，构图相对疏朗。

艺术风格

此镜的环状主纹由弯卷藤蔓构成连续的涡状，仿佛花团锦簇，丰盈饱满。主纹龙身作了巧妙的双线设计，于细微之处见巧思。

四蟠龙纹

单体蟠龙纹

伏兽钮四蟠龙纹镜

战国

直径 163 毫米　厚 5 毫米　重 307 克

简介

圆形，伏兽钮，圆钮座。宽卷缘。座外饰一周凹面宽带。云雷纹地，主纹为四组蟠龙，龙身较纤细，饰有涡状粟粒纹，关节处缀饰祥云，盘绕作藤蔓状，构图相对疏朗。1954 年长沙麻园湾 M1 战国墓出土一件镜，与此镜镜钮相同，主纹相近，应为同一时期所铸 [1]。

［1］ 湖南省博物馆：《湖南出土铜镜图录》，文物出版社，1960 年，第 56 页。

艺术风格

此镜龙纹纤细，飘逸隽秀，弯卷回旋，其身缀饰细小涡纹，态势英武。整个画面构图疏朗，给人以通透清雅之感，地纹与主纹互为映衬，相得益彰。此镜镜钮较为特别，状若伏兽，细腻精巧，纤毫毕现。

四蟠龙纹

单体蟠龙纹

伏兽钮

云雷纹地纹蟠凤纹镜

战国

直径 142 毫米　厚 6 毫米　重 261 克

简介

圆形，三弦钮，圆钮座。宽卷缘。座外饰一周凹面宽带。云雷纹地，钮座外及镜缘处各有一周斜线纹，主纹为蟠凤纹，凤身较纤细，关节处缀饰祥云，羽翼勾卷，盘作繁复的藤蔓状纹饰，缠绕处呈菱纹状，构图相对疏朗。安徽六安出土的一件战国凤鸟纹镜与此镜纹饰基本相同[1]。本馆另藏有一件蟠凤纹镜，主纹与此镜相似，唯构图相对紧凑。

［1］ 安徽省文物考古研究所：《六安出土铜镜》，文物出版社，2008年，第41页。

艺术风格

此镜纹饰将跃动的凤鸟与柔蔓的植物枝条以及抽象的几何纹巧妙地融为一体，赋予僵硬、机械的几何纹以生命，乍看花团锦簇，细看则凤鸟、蔓枝、几何纹等有机地融为一体，珠联璧合，丝丝紧扣，体现出一种既堂皇又神秘的氛围。主纹凤纹羽翼及翎尾均设计为双线，构图较为疏朗，更显出云雷纹的条理感和秩序感，以之映衬轻灵纤幼的凤纹。

蟠凤纹

单体蟠凤纹

伏兽钮蟠凤纹镜

战国

直径 240 毫米　厚 7 毫米　重 730 克

简介

圆形，伏兽钮，圆钮座。宽卷缘。座外饰两周纤细的绳纹，其外再饰一周凹面宽带。云雷纹地，主纹为蟠凤纹，修长飘逸的凤与枝蔓蜿蜒缠绕，形成繁密富丽的环状纹饰。

艺术风格

此镜纹饰纤巧细幼，布局通透清朗，凤纹态势温婉秀雅，其身弯卷如藤蔓，折射了楚人浪漫的精神世界，此类凤鸟与植物共生连体的独特纹饰常见于楚地的各种器物上，如耳杯等。此镜的镜钮设计为伏兽形态，活灵活现，极具巧思。

蟠凤纹

单体蟠凤纹

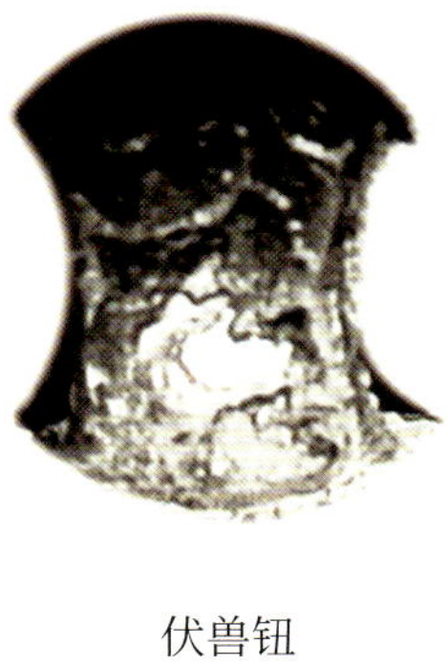

伏兽钮

楚国耳杯中的藤蔓长卷尾凤

分区式凤鸟蟠龙纹镜

战国

直径 232 毫米　厚 7 毫米　重 428 克

简介

圆形，三弦钮，圆钮座。宽卷缘。座外饰三只回首状凤鸟，外饰一周凹面宽带。云雷纹地，主纹为四组蟠龙，龙口大张，龙身较纤细、关节处缀饰桃心叶与祥云，盘绕作藤蔓状，缠绕处呈菱纹状，构图相对疏朗。

四蟠龙纹

艺术风格

此镜为较特别的双圈式布局，外圈为四蟠龙环状纹饰带，龙纹态势刚猛，昂首张口，羽冠巧妙设计为弯卷枝蔓，与藤蔓状的身躯相呼应，又点缀以桃心叶纹与祥云纹，身正中则折叠作菱纹状，整组纹饰将不同元素融合交汇，似浑然一体。内圈为回首三凤鸟，设计为浮雕风格，振翅欲飞，栩栩如生，与主纹龙纹互相映衬，使整个界面层次丰富，灵动盎然。

单体蟠龙纹

三凤鸟纹

单体凤鸟纹

分区式瑞兽蟠龙纹镜

战国

直径 192 毫米　厚 7 毫米　重 434 克

简介

圆形，三弦钮，圆钮座。宽卷缘。座外饰四只顶视形象的瑞兽，外饰一周凹面宽带。云雷纹地，主纹为蟠龙纹，龙身较纤细，关节处缀饰祥云，盘绕作藤蔓状，构图相对疏朗。

艺术风格

此镜为双圈式布局，外圈为环状蟠龙纹，勾连弯卷，锦绣成团，细节处饰有细小涡纹以象征祥云，使得整个主纹饰带灵气逼人。内圈为四瑞兽，作浮雕设计，为顶视形象，风格写实，爪部尖利，态势凶猛，与外圈龙纹互相映衬，两种风格相辅相成。

蟠龙纹

单体蟠龙纹

瑞兽纹

单体瑞兽纹

分区式瑞兽三龙持栏纹镜

战国

直径 195 毫米　厚 6 毫米　重 452 克

简介

圆形，三弦钮，圆钮座。宽卷缘。座外饰三只顶视形象的瑞兽，外饰一周凹面宽带。云雷纹地，主纹为三双身龙纹，龙身较粗壮，利爪强劲有力，筋骨处刻画生动，关节处缀饰祥云，盘绕作藤蔓状，缠绕处呈菱纹状，构图相对疏朗。

艺术风格

此镜为双圈式布局，外圈主纹为三双身龙纹，粗线条刚劲有力，龙作生机勃勃之势，整体界面繁丽丰盈，又以三弯月状纹饰作三角形分布，给画面以稳定感。内圈为三瑞兽纹，作浮雕设计，兽首利爪为写实风格，身躯较为写意。

三龙纹

单体龙纹

瑞兽纹

单体瑞兽纹

菱纹间隔蟠龙纹镜

战国

直径 217 毫米　厚 6 毫米　重 688 克

简介

圆形，三弦钮，圆钮座，宽卷缘。座外饰四只顶视形象的瑞兽，兽口衔座边。外饰一周凹面宽带。云雷纹地，主纹为蟠龙纹，龙身较细，利爪强劲有力，筋骨处刻画生动，盘绕作藤蔓状，与三菱纹互相勾连，构图相对繁密。

艺术风格

此镜为双圈式布局，外圈主纹蟠龙纹与菱纹彼此勾连缠绕，形成富丽饱满的纹饰带。龙纹态势倨傲，昂首张口，威风凛凛，其身蜿蜒回旋，修长延绵。菱纹方正工整，均匀分布于四方，使整个界面给人以视觉稳定性。内圈为四瑞兽，浮雕设计，作追逐奔跑状，口衔座边，生动鲜活。

菱纹间隔蟠龙纹

单体蟠龙纹

瑞兽纹

单体瑞兽纹

菱纹间隔三蟠龙纹镜

战国

直径 150 毫米　厚 6 毫米　重 206 克

简介

圆形，三弦钮，圆钮座。宽卷缘。座外饰一周凹面宽带。云雷纹地，主纹为三蟠龙纹，龙身强健，盘绕作藤蔓状，与三菱纹互相勾连，构图相对疏朗。

艺术风格

此镜纹饰线条较粗，彰显出清朗强劲的风格，龙纹作回首状，瞠目张口，身躯回旋演化为方正菱纹，利爪刚健，态势凌厉。三龙均匀分布，使体躯之菱纹形成稳定的三角形，整个界面静中有动，又兼具稳定感。

菱纹间隔蟠龙纹

单体蟠龙纹

菱纹间隔龙凤同体纹镜

战国

直径 230 毫米　厚 8 毫米　重 708 克

简介

圆形，三弦钮，圆钮座。宽卷缘。座外饰一周纤细的绳纹，其外再饰一周凹面宽带。云雷纹地，主纹为交连缠绕的龙凤纹，龙、凤身形较细，飘逸蜿蜒，尾部渐呈藤蔓状，与三菱纹互相勾连，构图相对繁密。

艺术风格

此镜纹饰以双线描绘，精巧卓绝，刻画细腻，为独特的龙凤同体纹，兼具龙纹之刚猛威仪及凤纹之柔丽楚姿，与菱纹勾连融汇，使整个界面丰盈饱满。此镜应属楚镜系统，虽然楚人尚凤，但龙纹在器物中的地位不低于凤纹，二者经常相互依存，见于楚地刺绣织物等上，共同表现了楚人的精神信仰。在楚人的天文学观念中，凤是太阳神祝融的象征，四季的变化都是以龙围绕北极星在天极中旋转而产生的，因而龙在先秦的一些典籍中被描绘成颛顼、祝融等神人的坐骑。此类龙凤同体纹中融汇了凤与龙最具特征的造型元素，可能是先民根据《山海经》而创造出的祝融驾龙的形象，经过演变并依据铜镜界面特征而重新设计，体现了太阳神祝融与龙的密切关系。

楚绣龙凤相蟠纹

菱纹间隔龙凤同体纹

单体龙凤同体纹

拓片：纹饰组合

三龙纹镜

战国

直径 135 毫米　厚 3 毫米　重 156 克

简介

圆形，三弦钮，窄素缘。钮外八连弧纹环绕一周。双线勾连雷纹为地纹，双线内外均填以密集的粟粒纹。在地纹之上三龙绕钮分离配列，龙头较小，长唇外卷，头上有角，长颈，身躯扭曲纠结成菱形，有弧形长尾。三龙的足部弯曲，伫立于镜缘内侧。此类镜的龙纹在结构上为追逐式，线条流畅活泼，富有动感。

艺术风格

此镜为环绕式布局，龙纹形态别有趣致，龙首作写实风格，张口吐舌，身躯极具巧思地设计为菱形，长尾又变为植物枝叶状，呈相互追逐之势，灵动非凡。钮外则设计为独特的八连弧纹，与三龙纹交相辉映，体现了楚地的浪漫思潮和大胆求变的设计理念。

三龙纹

单体龙纹

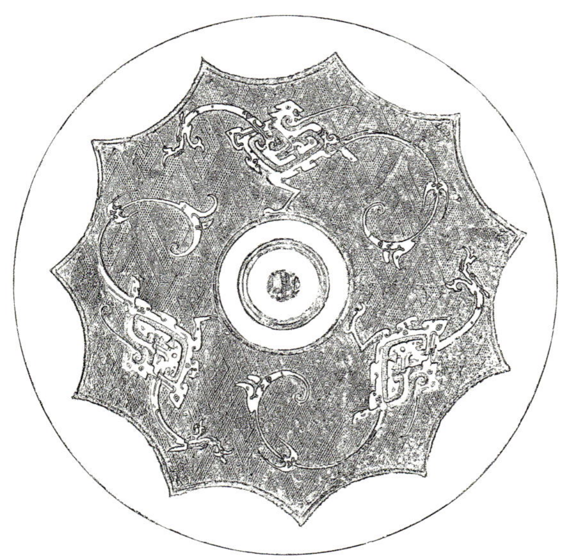

线图：纹饰组合

三龙纹镜

战国

直径 168 毫米　厚 2 毫米　重 315 克

简介

圆形，三弦钮，圆钮座。座外饰弦纹及凹面宽带一周。双线勾连雷纹为地纹，双线内外均填以密集的粟粒纹。在地纹之上三龙绕钮分离配列，龙头较小，长唇外卷，头上有角，长颈，身躯扭曲纠结成菱形，长尾呈藤蔓状弯卷。三龙的足部弯曲，伫立于钮座外侧。外缘作十一连弧设计。1975 年安徽和县西汉墓中出土一件三龙纹镜与此镜纹饰完全相同，直径 159 毫米[1]。

［1］ 中国青铜器全集编辑委员会:《中国青铜器全集》第 16 卷，文物出版社，1998 年，第 8 页图 11。

艺术风格

此镜为环绕式布局，龙纹形态较上一件镜更为修长飘逸，龙首较细小，向植物枝芽演变，龙尾弯卷形成藤蔓状，显得清新自然。镜缘设计为十一连弧，形成另一种龙纹与连弧纹相呼应的纹饰组合，双线勾连雷纹作为底部映衬，使整个界面元素丰富却又主次分明。

三龙纹

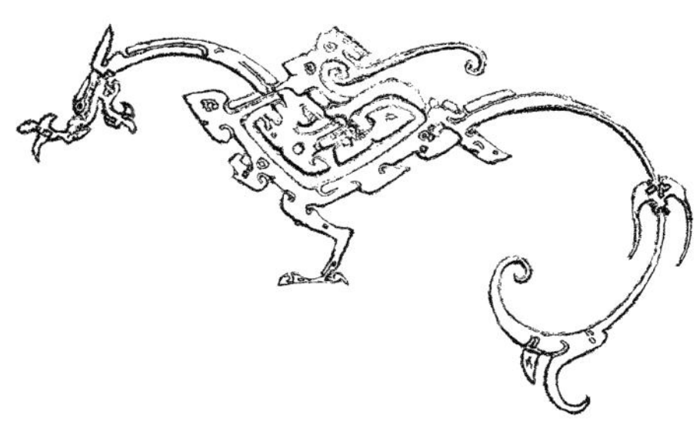

单体龙纹

线图：纹饰组合

分区式瑞兽花叶四龙纹镜

战国至西汉

直径 235 毫米　厚 5 毫米　重 905 克

柿蒂纹八凤镜

战国

直径 284 毫米　厚 3 毫米　重 817 克

拓片：纹饰组合

简介

圆形，三弦钮，圆钮座。涡云纹地纹。座外绕钮饰两只盘绕的瑞兽，外饰凹面宽带一周。四方的重叠二花叶纹将主纹区分为四区，叶中填以阴线叶脉纹。主纹为四只祥龙，龙纹作了艺术化处理，呈浅浮雕，龙头居中作回顾式张吻露齿，体躯及爪向两侧展开，尾细短而前卷，两侧的环形线条代表龙翼，象征飞龙。此镜似为战国晚期抑或西汉早期作品。上海博物馆所藏一件四龙镜，龙体造型与此镜完全一样，可作参考[1]。

[1] 上海博物馆：《练形神冶　莹质良工——上海博物馆藏铜镜精品》，上海书画出版社，2005年，第104—105页。

艺术风格

此镜布局方式较为特别，地纹与主纹相互映衬，多元并作，繁复巧卓。单位地纹由两个内饰对称涡云纹的三角纹构成，间隙填以粟粒纹。主纹布置以双圈式布局将界面分为外圈和内圈，外圈纹饰为龙纹与花叶纹，内圈为瑞兽纹。外圈采用四分式布局，整个界面目之所及的所有纹饰，皆巧妙妥帖地予以安置，庄重而不失灵动。由四方花叶纹将其分为四区，四龙则为环绕式布局。

外圈单体龙纹两翼伸展，态势凌厉刚猛，上海博物馆所藏镜龙体造型与之完全一样。

内圈瑞兽纹

四龙纹镜　战国
上海博物馆藏

单体瑞兽纹

外圈花叶四龙纹

此镜单体龙纹

单体花叶纹

简介

圆形，环钮，双重圆钮座，座外饰涡云状凤鸟及飞翔状凤鸟各一对，外饰凹面柿蒂纹。柿蒂纹间饰羽翼高展及羽翼平展的凤鸟各一对，翼端皆弯卷作藤蔓状。八只凤鸟两两相对，形态各异，刻画生动。云雷纹地，外缘作十六连弧设计。

八凤纹

艺术风格

此镜布局较为特别，以柿蒂纹四分界面，其内填饰四只凤鸟，其外以向心式布局再饰四只凤鸟，凤鸟袅娜轻灵，形态各异，有涡云状、飞翔状、高展翼状及平展翼状，相同者相对分布。外缘作十六连弧设计，如日中升。楚人以凤鸟为火神祝融的象征，柿蒂纹在其宇宙观中代表天穹，连弧纹若太阳光芒，三种元素交相辉映，华美庄重，如太阳光芒照耀大地，簇拥八凤来仪。

此镜所饰柿蒂纹，是兴起于战国、流行于汉代的一种具有时代特色的装饰纹样，因其中一些花纹的形状像柿子分作四瓣的蒂而得名，亦称柿蒂形纹。柿蒂状的花纹常见于战国至汉代的铜镜上，绝大部分饰于铜镜中央的钮座和钮区部位。花形纹以柿蒂状的四出样式最多，少量作六出、五出和三出的样式。花形纹分作三大类型：第一类是桃状的花瓣纹，晚期的花瓣纹变得宽扁，并且演进成柿蒂状花纹；第二类是瘦长而两头尖的花叶纹，晚期花叶纹的后部变圆；第三类是花蕾纹，有的在花蕾两边饰外撇或翻卷的叶，有的四出花瓣纹间有四出的小叶纹，有的四出花瓣纹下有短茎，或伸出有花蕾的长茎，也有在铜镜中央饰写实的花朵纹。柿蒂纹在铜镜上均饰于正中央的钮座和钮区部位，而从其余各类器物和建筑上的装饰部位来看，亦都饰于盖顶中央，是取意天穹正中的“华（花）盖”[1]。

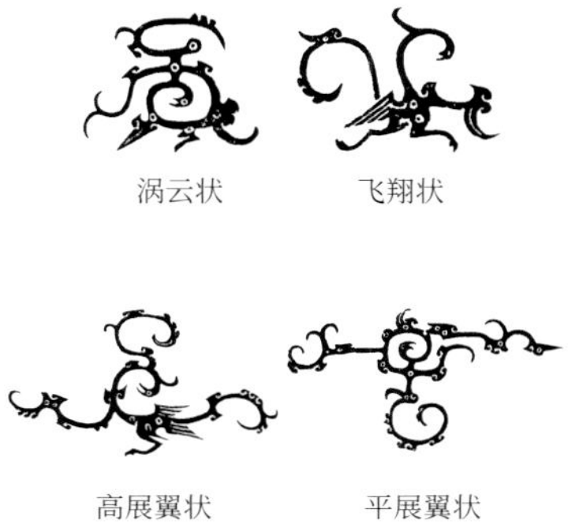

单体凤纹

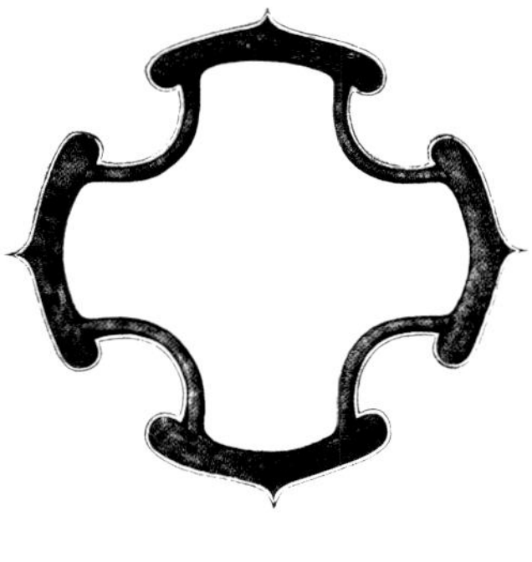

柿蒂纹

[1] 张朋川：《宇宙图式中的天穹之花——柿蒂纹辨》，《装饰》2002 年第 12 期。

连弧龙凤纹镜

战国

直径 145 毫米　厚 2 毫米　重 156 克

简介

圆形，弦纹钮，窄素缘。以细密规整的云雷纹为间饰粟粒纹。钮外八连弧纹环绕一周，其间对称分布四桃形叶瓣。龙凤纹呈对称分布，环列四方，形象颇为华丽。其外再饰一周十二连弧纹。整体布局新颖，铸造精良，纹饰细腻。

艺术风格

此镜巧妙地设计了双周连弧纹，钮外为八连弧，近镜缘处为十二连弧，一龙一凤呈环绕式布局，妥帖布于双周连弧纹之间，龙凤身躯演化为纤细柔媚的植物枝蔓，如“被薜荔兮带女萝”，体现了楚人的浪漫风情。

拓片：纹饰组合

龙凤纹

柿蒂纹龙凤纹镜

战国至西汉

直径 185 毫米　厚 3 毫米　重 376 克

拓片：纹饰组合

简介

圆形，三弦钮，圆钮座。涡云纹地纹。座外饰柿蒂纹，将主纹区分成四份，主纹为双龙双凤，龙的身躯作S形卷曲，飘逸修长，长尾与从腹部伸出的一条C形线条左右对称排列，线条粗壮；凤纹尾羽与一羽翼左右对称排列，极具艺术效果。外缘作十二连弧设计。此种四分法的布局方式在汉代铜镜纹饰布局中被广泛应用。此镜似为战国晚期抑或西汉早期的作品。

分区式瑞兽花叶四龙纹镜单位地纹

艺术风格

此镜层次分明，地纹细密，主纹精巧。地纹与分区式瑞兽花叶四龙纹镜之地纹相似，为三角纹内饰对称涡云纹，再填以粟粒纹而成，此镜单位地纹由四个三角纹构成。主纹首先由钮座外伸出柿蒂纹，四分界面，双龙双凤布置于叶纹之间，作环绕式布局，风格写意，身躯及羽翅皆弯卷，状若植物枝蔓，清朗灵动，绮丽华美。镜缘作十二连弧设计，视觉上恰到好处地将界面元素收拢聚集，若光耀万物。

此镜单位地纹

龙凤纹

单体龙纹

单体凤纹

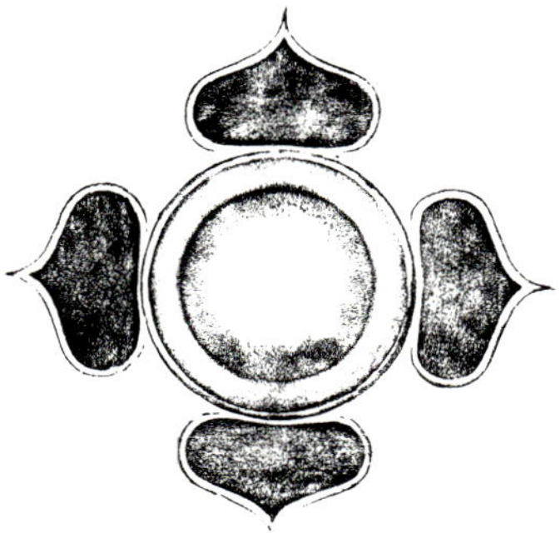

柿蒂纹

柒

连弧纹镜·清阳曜灵

连弧纹镜是指主纹以弧线或凹面宽带连成圈的铜镜，均为圆形，弧数有六、七、八、九、十、十一、十二等多种，但以八弧最为常见。连弧纹铜镜是战国晚期出现的新镜种，连弧纹可分单线连弧纹、凹面宽连弧纹、半圆连弧纹三种，其有一个渐替演变的过程，尤其像半圆连弧纹沿用时间很长，直到两汉时期，在铜镜中仍得到充分运用。

素地连弧纹镜和云雷纹地连弧纹镜出现在战国中期，三层纹饰的云雷纹地连弧纹镜出现在战国晚期，此类镜中各种类型的出现虽有早有晚，但大都流行于战国晚期至西汉初期。此类镜的分布区域，战国中晚期以湖南长沙、安徽寿县、河南洛阳一带为主；战国末至西汉初分布较广泛，陈上述地区外，四川、陕西、山东、内蒙、湖北、广东等地均有出土。此外，在朝鲜也发现了残素地连弧纹镜。

云雷纹地连弧纹镜的数量较多，这两种纹饰的组合包含着意想不到的含义和渊源。中国早期铜镜的纹饰以放射状的短线纹为多，国内外一些学者多以其为太阳崇拜的特征。美国科学史专家马克·彭德格拉斯特通过对亚非地区早期铜镜功能与用途的研究认为：镜子既是世俗用品又是宗教器物，圆形的镜子既能映射太阳，又是太阳的模仿品[1]。有铜镜收藏家通过对早期铜镜纹饰的研究和对比也将原本解释为“简单几何形纹饰”的早期铜镜纹饰定位为“太阳芒纹”，在其中又细分为“星状芒纹”“放射状芒纹”“火焰状芒纹”，并利用电脑处理掉战国晚期云雷纹地连弧纹镜照片

[1] 马克·彭德格拉斯特：《镜子的历史》，吴文忠译，中信出版社，2005年。

上的云雷地纹，论证云雷纹地连弧纹镜“其实就是一面星状太阳芒纹镜，是早期太阳神祭祀星状芒纹镜的发展和延续”[1]。其实从距今5000年无文字的新石器时代的玉饰上我们也能看到这种星状芒纹，所以原来我们现在所称的连弧纹也就是太阳芒纹的一种，为太阳崇拜、祭祀太阳的一种产物[2]。

本书所录镜可分为连弧纹镜和动物纹连弧纹镜两类。

第一类连弧纹镜，皆为云雷纹地连弧纹镜，有的地纹较为疏朗，有的较为致密规整，显示出战国铜镜铸造精密的艺术水准。共四件，二件为七连弧镜，二件为八连弧镜。

第二类动物纹连弧纹镜，即以各类动物纹搭配连弧纹的铜镜，繁丽独特，为地纹、动物纹、连弧纹三层纹饰配置。此类镜最为特别之处在于诸多动物纹作跨区设计，不落窠臼，灵动非常。浮雕动物个个栩栩如生，瑞兽的运动感、骨骼感表现得淋漓尽致，令人叹为观止；凤鸟的婀娜身姿、逶迤长尾，显得轻盈妙曼。整体纹饰呈现了一个开放自由、充满艺术想象力的世界，不由得让人联想到战国时期文化大发展的背景下，艺术领域大繁荣，工匠们的自由想象，造就了如此精美绝伦的艺术经典。本书所录镜均铸造精良，属少见之佳品。共五件，六连弧镜一件，为六连弧三瑞虎花卉纹镜；八连弧镜四件，分别为八连弧四龙四凤四虎纹镜、八连弧八蟠龙四瑞兽纹镜、八连弧八凤鸟纹镜、八连弧十凤鸟纹镜。

[1] 王趁意：《日本三角缘神兽镜考·二》，《中国文物报》2005年10月12日。

[2] 邓秋玲：《长沙出土战国连弧纹铜镜研究》，《湖南省博物馆馆刊》2010年第7辑。

云雷纹地七连弧纹镜

战国

直径 148 毫米　厚 4 毫米　重 229 克

简介

圆形，三弦钮，圆钮座。素卷缘。座外凹面环带环绕一周，环带外饰一周纤细的绳纹。单位云雷纹较大，布排较为疏朗。七连弧纹流畅规整。

艺术风格

此镜地纹为较致密小巧的云雷纹，排列工整。七连弧纹亦较细，与地纹珠辉玉映，融洽和谐。

云雷纹

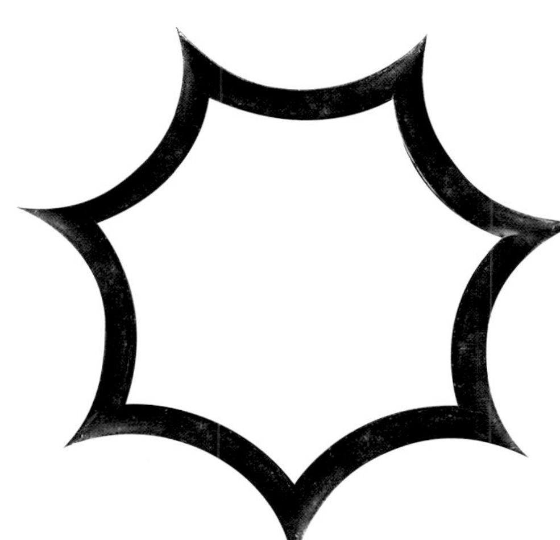

七连弧纹

云雷纹地七连弧纹镜

战国

直径 202 毫米　厚 5 毫米　重 414 克

简介

圆形，三弦钮，圆钮座。素卷缘。座外凹面环带环绕一周，环带外饰一周纤细的绳纹。单位云雷纹较小，布排较密。七连弧纹流畅规整。1953 年长沙南门广场 M9 出土一件铜镜与此镜纹饰几乎完全相同，直径 149 毫米[1]。

［1］ 湖南省博物馆：《湖南出土铜镜图录》，文物出版社，1960 年，第 67 页。

艺术风格

此镜单位地纹较为细小，排列繁密，七连弧纹则较粗，地纹与主纹互为映衬，铜质明亮，如万丈光芒照耀四方。

云雷纹

七连弧纹

云雷纹地八连弧纹镜

战国

直径 225 毫米　厚 7 毫米　重 651 克

简介

圆形，三弦钮，弦上饰有精细弦纹，圆钮座。素卷缘。座外凹面环带环绕一周，环带外饰一周纤细的绳纹。单位云雷纹较细小，布排致密。八连弧纹流畅规整。

艺术风格

此镜单位地纹较为细小，排列细密繁缛，见有单元组织范线。八连弧纹较细，其尖甚利，锐不可当，与镜缘和钮座外之凹面宽带若珠璧交辉，尽显耀眼银亮光芒。

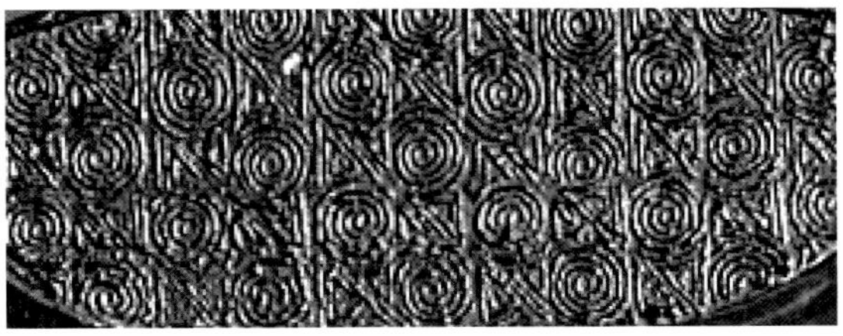

云雷纹

八连弧纹

云雷纹地八连弧纹镜

战国

直径 242 毫米　厚 7 毫米　重 823 克

简介

圆形，三弦钮，弦上饰有精细弦纹，圆钮座。素卷缘。座外凹面环带环绕一周，环带外饰一周纤细的绳纹。单位云雷纹细小，布排致密。八连弧纹流畅规整。

艺术风格

此镜单位地纹细小，排列致密，整齐细腻，见有单元组织范线。以此细地纹映衬下的八连弧纹匀停相称，若柔和阳光普照万物。

云雷纹

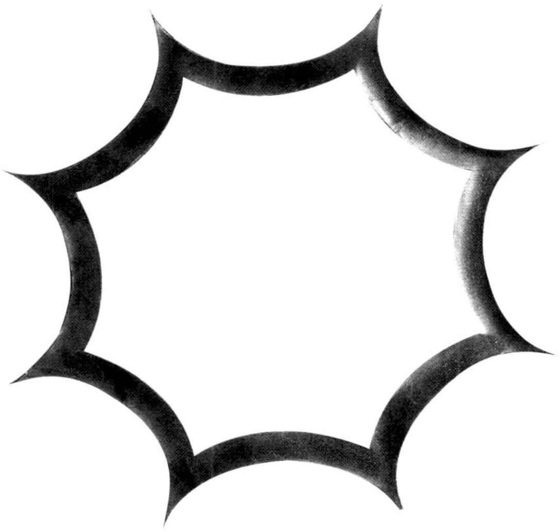

八连弧纹

六连弧三瑞虎花卉纹镜

战国

直径 120 毫米　厚 5 毫米　重 105 克

植物纹

六连弧纹

此镜羊形花卉纹

祥云纹地异版花卉纹镜
羊形花卉纹

楚镜箭头状叶纹

龙虎纹镜　战国
六安市文物局藏

简介

圆形，三弦钮，圆钮座。钮座外与连弧纹外各饰一周细绳纹，作为纹饰界栏。钮座外饰有十五花瓣纹，沿钮座外的弦纹圈伸出三朵卷曲羊形奇异花卉。云雷纹地，六连弧外环绕三只跳跃奔腾的瑞虎，尾巴上扬至连弧纹内侧；连弧纹跨内外区似有另一种瑞兽纹或瑞鸟纹。安徽六安出土的一件战国龙虎纹镜[1]与此镜较为相似，直径115毫米，由定名看该镜奇异的瑞兽（鸟）纹被认定为龙纹。

[1]　安徽省文物考古研究所：《六安出土铜镜》，文物出版社，2008年，第40页。

动物纹

艺术风格

此镜铸制繁复精美，为三层纹饰配置，地纹为云雷纹，细密整齐；动物纹和花草纹置于其上，栩栩如生；最后叠压六连弧纹，舒展耀眼。细处如钮座外和连弧纹外，饰有细绳纹，作为纹饰界栏。

此镜所饰动物纹共见有两种，一种为写实风格的瑞虎纹，位于六连弧外区，作顶视形象布置，身躯呈蟠卧状，尾尖越入六连弧内区。另一种为奇异的瑞兽（鸟）纹，跨六连弧内外两区，体躯弯卷，翎羽飞扬。

单体瑞虎纹

此镜所饰植物纹有两种，一种为连周花瓣纹，共十五瓣，饰于钮座外，娇娜雅致。另一种为羊形花卉纹，此类纹饰样式奇异，与本书所录祥云纹地异版花卉纹镜之花卉纹较为相似，或为同类纹饰，即为楚镜之箭头状叶纹演化而来，其上再以弯卷的涡纹及羽状纹进行装饰。

此镜所饰六连弧纹匀称清朗，铜色内敛典雅，与界面上各主纹辅纹相互映衬和融合，如温厚之光照耀禽兽草木及一切众生。

单体瑞兽（鸟）纹

八连弧四龙四凤四虎纹镜

战国

直径 190 毫米　厚 6 毫米　重 407 克

简介

圆形，三弦钮，圆钮座。钮座外饰有凹面环带，环带内外各饰一周纤细的绳纹。云雷纹地，八连弧内两只伫立回首的凤鸟与两只奔腾跳跃的瑞虎对称分布；连弧纹外分别布置卧地回首的四龙纹和嬉戏跳跃的两只虎纹及两只回首远眺的凤鸟纹。

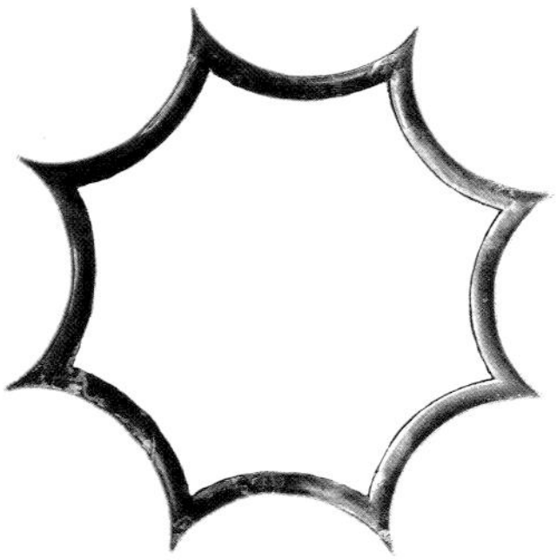

八连弧纹

艺术风格

此镜为三层纹饰配置，第一层为云雷纹地，第二层为动物纹，第三层为八连弧纹。钮座外、凹面环带外、镜缘三处分别饰有细绳纹和斜线纹各一周，作为纹饰界栏。

此镜所饰动物纹有三种，一种为凤鸟纹，形态有二，驻足回望、长尾弯卷的位于八连弧内，为写实风格；回首远眺、翎羽飘逸的位于八连弧外，为写意风格。第二种为瑞虎纹，身躯半立，作跳跃状，分别位于八连弧内外。第三种为龙纹，体躯修长，卧地回首，位于八连弧外。

此镜所饰八连弧纹柔丽饱满，铜质细腻银亮，连弧处匀停和顺，其尖虽短，别具锋芒。

单体瑞虎纹

单体驻足凤鸟纹

动物纹

单体龙纹

单体飘逸凤鸟纹

八连弧八蟠龙四瑞兽纹镜

战国

直径 188 毫米　厚 7 毫米　重 455 克

简介

圆形，三弦钮，圆钮座。钮座外饰有凹面环带，环带内外各饰一周纤细的绳纹及斜线纹。云雷纹地，八连弧内饰四只形体较小、回首顾望的龙，八连弧外饰四只形体较大、张嘴怒吼的龙；跨连弧纹内外似另有一种身躯蜿蜒身生毛羽的变形瑞兽纹。1955 年湖南长沙陈家大山 M2 出土一件铜镜与此镜纹饰相同，直径 160 毫米 [1]。

动物纹

艺术风格

此镜配置的三层纹饰，分别为第一层的云雷纹地，第二层的动物纹，第三层的八连弧纹。钮座外、凹面环带外、镜缘三处分别饰有细绳纹和斜线纹各一周，作为纹饰界栏。

此镜所饰的动物纹见有两种，一种为龙纹，形态有二，形体较小、回首顾望的位于八连弧内，形体较大、张口怒吼的位于八连弧外。

所饰另一种为变形瑞兽纹，体躯蜿蜒弯卷，饰以斜线纹代表翎羽，跨连弧纹内外，此种纹饰或与本书所录羽状地纹变形禽鸟纹镜之旋风状纹饰，风格较为相似，或为同一类，可能为兽躯简省变形的形式。

此镜所饰八连弧纹铜质光洁明亮，其尖纤细锋利，极具锐意，若银伞高张，光芒万丈。

单体回首龙纹

单体张口龙纹

此镜单体变形瑞兽纹

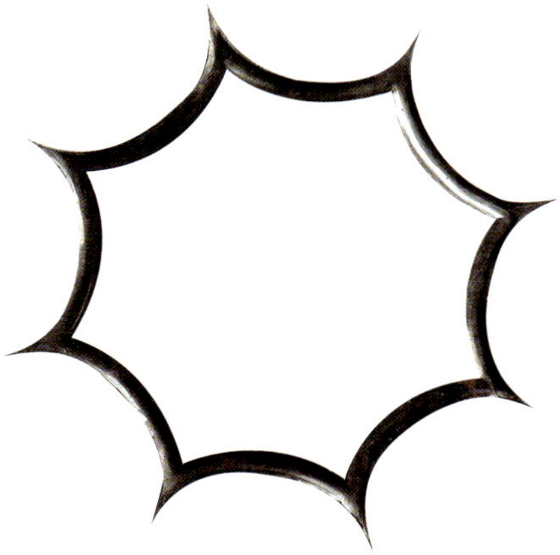

八连弧纹

羽状地纹变形禽鸟纹镜单体旋风纹

[1] 湖南省博物馆：《湖南出土铜镜图录》，文物出版社，1960 年，第 68 页。

八连弧纹

八连弧八凤鸟纹镜

战国

直径 170 毫米　厚 6 毫米　重 342 克

简介

圆形，三弦钮，圆钮座。钮座外饰有凹面环带，环带外饰一周纤细的绳纹及斜线纹。云雷纹地，八连弧外对称布置不同形态的两种凤鸟纹，一种位于八连弧之外，双足伫立，回首梳羽；另一种形体较大，跨连弧纹内外，回首顾望。

艺术风格

此镜作三层纹饰配置，第一层为云雷纹地，第二层为凤鸟纹，第三层为八连弧纹。凹面环带外和镜缘处分别饰有细绳纹和斜线纹各一周，作为纹饰界栏。

此镜所饰凤鸟纹共两种，一种形体较小，双足伫立，回首梳羽，风格较为写实，位于八连弧之外；另一种形体较大，回首顾望，风格较为写意，跨连弧纹内外。

此镜所饰八连弧纹铜质柔和，温雅内敛，凤鸟光耀柔丽，互为映衬，相得益彰。

凤鸟纹

单体梳羽凤鸟纹

单体顾望凤鸟纹

八连弧十凤鸟纹镜

战国

直径 140 毫米　厚 4 毫米　重 179 克

凤鸟纹

低首大凤鸟纹

展翅小凤鸟纹

回首小凤鸟纹

八连弧纹

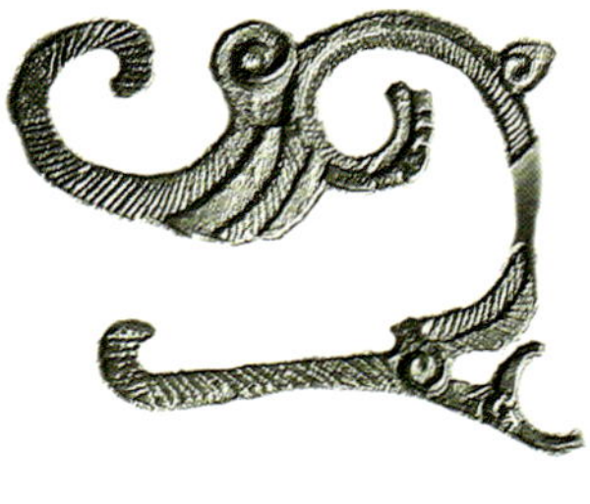

花尾大凤鸟纹

简介

圆形，三弦钮，圆钮座。钮座外饰有凹面环带，环带外饰一周纤细的绳纹。地纹为三角纹内饰以对称S形云纹，再填以粟粒纹，重复构成。八连弧内对称分布一只展翅飞翔的小凤鸟纹，以及一只回首小凤鸟纹；八连弧外饰四只长腿伫立，低首反顾，长尾拖曳的凤鸟纹；跨连弧纹内外饰四只冠羽修长，尾部成花卉状，作回首远眺的凤鸟纹。

分区式瑞兽花叶四龙纹镜单位地纹

艺术风格

此镜的三层纹饰，第一层为地纹，第二层为凤鸟纹，第三层为八连弧纹。

所饰地纹较为特别，布局风格细密规整，单位细节处精巧而耐人寻味。单位地纹是在三角纹内饰以对称S形云纹，再填以粟粒纹而成，由四个三角形构成一个单元。此种地纹，与龙凤纹镜类中的分区式瑞兽花叶四龙纹镜和柿蒂纹龙凤纹镜之涡云纹地纹较为相似。

柿蒂纹龙凤纹镜单位地纹

所饰凤鸟纹形态多姿，共有四种，第一种为展翅飞翔的凤鸟纹，体型较小，位于八连弧内；第二种为回首凤鸟纹，体型较小，位于八连弧内；第三种为低首反顾，长尾拖曳的凤鸟纹，体型较大，位于八连弧外；第四种为冠羽修长，尾部成花卉状作回首远眺的凤鸟纹，体型较大，跨连弧纹内外。

此镜单位地纹

此镜所饰八连弧纹中正端齐，铜质温厚，光泽细腻，似于细密地纹之上将灵慧凤鸟组织成乐章，协调又美妙。

捌

特种工艺镜·登峰造极

特种工艺镜是指经过特殊制作工艺加工而成的铜镜[1]，各类特种工艺的出现，完全改变了铜镜纹饰的常规结构形式，体现了战国中晚期铜镜装饰加工工艺已达到一定高度，且从中也体现出各类加工处理等工艺的较高水平，亦有对合金成分配比的娴熟掌握和应用。

根据制作工艺的不同，特种工艺镜大致可分为彩绘镜、镶嵌镜、透雕镜三种类型。彩绘镜，即在素镜背上用彩色描绘出各种纹饰的铜镜。镶嵌镜，即以镶嵌金、银、琉璃、绿松石、玉等不同质料装饰镜背的铜镜，不同质料采用的工艺不同，如金银质料常采用的错金银工艺，即在铜器等器表先铸出或錾出浅槽，而后嵌入金银丝或片，构成花纹图案，进而用错石错平、磨光而成。

透雕镜又称复合镂空镜，与前两者相比较为特别，工艺更为精妙复杂，常辅以镶嵌等工艺，在美不胜收的战国铜镜中，当属翘楚。有别于其他在一次铸成的铜镜上进行装饰的工艺，透雕工艺于铜镜上的应用，是将一件铜镜的纹饰体（镜背）和映照体（镜面）分别铸制，待加工到一定程度后，再用热挤缩复合工艺和冷粘接铆合工艺复合粘接扣合在一起，形成整镜，所以部分日本学者称之为“二重体镜”。此类镜的镜面和镜背应由两种成分不同的合金分别铸成，为具较好的映照效果，镜面应采用含锡量高的青铜铸成，以呈一种较亮的银白色；镜背因要铸成相对薄的透雕纹饰，若以高锡青铜铸造，可能会出现易残损的情况[2]。战国时期此类镜的产地至少有两处：一是以楚镜为中心的湖南等地区，这一地区镂空复合镜数量不多，明显是借鉴了洛阳地区这种工艺风

[1] 孔祥星、刘一曼:《中国古代铜镜》，文物出版社，1984 年，第 46 页。

[2] 何堂坤：《中国古代铜镜的技术研究》，紫禁城出版社，1999 年，第 124 页。

彩绘龙纹方镜　战国
山东临淄张家庄出土

镶嵌琉璃六山镜　战国
洛阳博物馆藏

错金银狩猎纹镜　战国
日本东京永青文库藏

漆彩龙纹透雕方镜　战国
日本千石唯司藏

贴金银箔四兽透雕镜　战国
洛阳博物馆藏

镶嵌绿松石几何纹透雕镜　战国
上海博物馆藏

格的铜镜而在当地铸造的。另一处是中原的洛阳地区，这一地区虽出土了较少的战国铜镜（一般工艺），但特种工艺镜却较集中且形式多样，工艺复杂，是战国特种工艺镜的典型代表，也是其他地区不能与之相提并论的，可以肯定它们应是东周王室的“百工”在洛阳铸造的[1]。这两个地区的铜镜，镜面和镜背的铸制方式各有不同。何堂坤先生认为是共同浇铸，而后直接嵌合，何先生以战国时期的一种青铜复合剑为例，据其剑刃部与脊部采用的榫卯铸造法，推测应是先浇铸镜背，之后浇铸镜面，在金属冷凝后，与镜面部分连在一起的镜缘同榫卯一样会产生一个紧箍力，从而加强了镜面、镜背两部分金属的嵌合。高西省老师认为镜面和镜背应为两次分铸，然后再粘合在一起，或两次铸造后用铆钉等使面与背扣合为一体。铸制方式不同，镜面和镜背的包裹方式亦不同，从包裹方式来看，湖南等地区铜镜通常为“面包背”，即镜面外缘包嵌镜背，这或与何堂坤先生推测的铸制方式相符；中原地区铜镜则大多为“背包面”，即镜背外缘包嵌镜面，部分出土铜镜至今镜面周边轮廓清晰，在修复时其镜面与镜背有粘接痕迹，这印证了高西省老师的推测。复合镂空工艺具有较强的艺术表现力，以镂空的纹饰展现艺术效果，不仅有平面观感，亦有立体空间变化。根据纹饰的差异，此类镜见有几何透纹镜、蟠螭透纹镜、禽兽透纹镜等。

本书所录镜，为复合镂空镶嵌几何纹镜，以透雕工艺辅以镶嵌工艺，铸制精绝，堂皇繁丽，极尽考究之能事。

[1] 高西省：《论战国时期的透雕夹层铜镜及相关问题》，《中国历史文物》2003 年第 4 期。

复合镂空镶嵌几何纹镜

战国

直径 105 毫米　厚 5 毫米　重 165 克

简介

圆形，小环钮，变形柿蒂纹钮座。在镜钮周围见有四个圆形凹槽，原应镶嵌有圆形绿松石，方框及周缘原应镶嵌形状各异的绿松石，均已脱落。铜镜的纹饰以方形框分为内、外两区，内区方框与钮座以极为特别的 M 形镂空几何纹相连，其纹上阴刻细云纹，方框四角为桃形云状纹。外区饰变形几何纹，纹上有纤细的阴线勾云纹，缘上饰一周变形几何纹。日本千石唯司藏有一件镜，与此镜工艺、纹饰、尺寸类同[1]。

[1] 中国青铜器全集编辑委员会：《中国青铜器全集》第 16 卷，文物出版社，1998 年，第 16 页图 16。

内区纹饰

外区纹饰

艺术风格

此镜铸制卓绝，纹饰奇异别致，与洛阳地区及湖南地区常见的战国镜有较大的差异，在已发现的复合镂空镜中未曾见过。此镜为分区式布局，主纹以方框分为内、外两区，内区四边为 M 形几何纹，四角为桃形云纹；外区为变形几何纹，内饰有小桃叶状纹。主纹上均作细线阴刻装饰，于平面之上见立体空间变化，风格简洁稚拙，可能是改变禽兽纹形象，简化演变的几何图案。

柿蒂形钮座

复合镂空镶嵌几何纹镜　战国
日本千石唯司藏

千石唯司藏镜局部绿松石

镶嵌绿松石几何纹透雕镜　局部绿松石　战国
上海博物馆藏

此镜镜钮部位亦较为特别，为小环钮及变形柿蒂造型钮座，钮座敦厚浑圆，镂空柿蒂造型之上以阴线勾勒轮廓，又显精巧细致，四方为圆形嵌槽，曾嵌饰绿松石，可想象昔日荣光，何其瑰丽华美。

日本千石唯司所藏同种镜，仍留有部分所嵌绿松石[1]，可从中窥其原貌。

此种镶嵌绿松石技术早在二里头文化中已见，河南偃师出土有镶嵌绿松石龙形器、镶嵌绿松石兽面纹饰牌和镶嵌绿松石的圆形器等。商代晚期已有大面积的镶嵌工艺，如河南安阳出土的镶嵌绿松石兽面纹方缶等。春秋晚期，铜剑等兵器及铜车马器上亦镶嵌有绿松石。到战国时期，这一技术已到了全盛时期，不仅数量多，且技术熟练，在铜带钩和青铜壶上不仅镶嵌绿松石，亦见有错金银。这一技术首先为楚人所接受，并应用于青铜镜制作，上海博物馆所藏透雕镜，就是在镜面镜背合成后，将绿松石切割得与铸造时预留的凹槽相符，磨光后嵌入；为了使其牢固，还要使用黏接剂，一般使用的是天然树脂、漆、桐油等有机材料，有时还在凹框内铸很多短斜线，这是为了增强镶嵌物的附着力，镶嵌完整器后再经打磨[2]。这一镶嵌工艺在战国末期到西汉达到了顶峰。

[1] 陈佩芬：《略论楚镜的铸造技术》，《练形神冶　莹质良工——上海博物馆藏铜镜精品》，上海书画出版社，2005年，第33页。

[2] 原书铜镜名称作“方格孔雀石象嵌透雕二重镜”。千石唯司：《千石藏镜》，日本：向日葵印刷有限公司，平成25年（2013年），第26页图50。

结语

本书所录铜镜共计 65 件，皆为广东大观博物馆馆藏精品，铸制卓绝，品相皆佳。

春秋至战国早期铜镜颇具粗犷情致，但细部仍得见匠心，本书所甄选的三件铜镜皆为龙纹主题，均可见同期青铜器纹饰之神韵，同时又为铜镜而进行特别设计，布局另辟蹊径，破旧立新，可窥见此期铜镜已形成了全新而独特的艺术风格，正式开启了战国铜镜新篇章。

战国中晚期铜镜百花齐放，门类繁多，本书所甄选者可分为八个单元。

第一单元为地纹镜，彰显重复式构图的魅力，其上呈现出明显的范线，这突出反映了战国时期在铜镜铸造技术方面的一大进步，即印模法的广泛应用。此类镜通常多见几何纹，本书所录之祥云纹镜即为佳品之一，为单种几何纹镜，由平铺的云雷纹构成，羽鳞纹镜则为组合几何纹镜，由羽纹、鳞纹、云雷纹、重环纹构成一组纹饰单元，再将整组纹饰重复排列，而对鸟纹镜则为罕见的动物纹地纹镜，单体纹饰为线条流畅的变形禽鸟，作连续布置。

第二单元为花叶纹镜，此类镜是由纯地纹之上添加了主纹而成，是地纹与主纹相结合的多层纹饰铜镜，主纹可细分为叶纹镜、花瓣纹镜、花叶纹镜三类，地纹通常见有羽状纹和云雷纹。本书所录以羽状纹为地纹的有羽状地纹花叶纹镜和羽状地纹花瓣纹镜，前者所饰叶纹分别为椭圆桃叶及尖缘大叶片，叶脉清晰，具有丰富的层次感，后者所饰花瓣精致细小；以云雷纹为地纹的有云雷地纹花卉纹镜和祥云纹地异版花卉纹镜，前者由纤长的竹叶纹及饱满的桃心瓣花卉纹组成，后者纹饰奇异，为卷曲写意的羊形花卉。

第三单元为山字镜，此类镜由三至六个似“山”字的图纹构成主题纹饰，单体山字方向左旋或右旋，山字之间有时配以花叶纹或动物纹等，地纹通常为羽状纹。本书所录山字镜种类多样，依山字数量可分为四山镜、五山镜及六山镜；依主纹又可细分为纯四山镜、花叶纹四山镜、四山四瑞兽纹镜，纯五山镜、花瓣纹五山镜，纯六山镜。

第四单元为曲折雷纹镜，即学术界惯称的“折叠菱纹镜”，指主纹以较宽的凹面磬形宽带为栏、交错相叠形成对称菱纹或磬形纹的铜镜，镜背分割为若干块，单位空间内或无纹或饰有花卉纹，地纹通常为羽状纹。依纹饰及布局等变化可分为曲折雷纹镜、对称曲折雷纹镜、对称曲折雷纹花卉纹镜，各一件。曲折雷纹镜为连贯式排列，对称曲折雷纹镜为对称式排列，对称曲折雷纹花卉纹镜为雷纹间加饰花卉纹。

第五单元为禽兽纹镜，品类丰繁，依主纹类别可分为兽纹、蜼纹、禽鸟纹、龙形兽纹、凤纹，其中兽纹又可分为瑞兽纹、变形兽纹、叶纹兽纹。兽纹镜有羽状地纹四瑞兽纹镜、羽状地纹变形兽纹镜、羽状地纹四叶四瑞兽纹镜；蜼纹镜有羽状地纹四蜼纹镜和羽状地纹五蜼纹镜；禽鸟纹镜有羽状地纹变形禽鸟纹镜；龙形兽纹镜有羽状地纹四龙形兽纹镜；凤纹镜有羽状地纹四凤纹镜。

第六单元为龙凤纹镜，其纹饰形态万端，可分为两大类，一是蟠龙（凤）纹类镜，二是变形龙凤纹类镜。前者属蟠螭纹镜类，可分为蟠龙纹镜、蟠凤纹镜、分区蟠纹镜、菱纹蟠纹镜。蟠龙纹镜有蟠龙纹镜、三蟠龙纹镜、刻花鼻钮三蟠龙纹镜、四蟠龙纹镜、伏兽钮四蟠龙纹镜。蟠凤纹镜有云雷纹地纹蟠凤纹镜、伏兽钮蟠凤纹镜。分区蟠纹镜有分区式凤鸟蟠龙纹镜、分区式瑞兽蟠龙纹镜、分区式瑞兽三龙持栏纹镜。菱纹蟠纹镜有菱纹间隔蟠龙纹镜、菱纹间隔三蟠龙纹镜、菱纹间隔龙凤同体纹镜。后者为艺术化变形的龙凤纹镜，可分为龙纹镜、凤纹镜、龙凤纹镜，龙纹镜有三龙纹镜和分区式瑞兽花叶四龙纹镜。凤纹镜有柿蒂纹四凤镜和柿蒂纹八凤镜。龙凤纹镜有连弧龙凤纹镜和柿蒂纹龙凤纹镜。

第七单元为连弧纹镜，是指主纹以弧线或凹面宽带连成圈的铜镜，可分为连弧纹镜和动物纹连弧纹镜两类。前者规整中正，为七连弧镜和八连弧镜；后者即以各类动物纹搭配连弧纹的铜镜，繁丽独特，六连弧镜为六连弧三瑞虎花卉纹镜，八连弧镜为八连弧四龙四凤四虎纹镜、八连弧八蟠龙四瑞兽纹镜、八连弧八凤鸟纹镜和八连弧十凤鸟纹镜。

第八单元为特种工艺镜，彰显了战国铜镜制作的最高成就，所甄选之复合镂空镶嵌几何纹镜，为本书大轴之作，以透雕工艺辅以镶嵌工艺，精巧绝伦，富丽堂皇，极尽考究之能事。

本书在编录以上铜镜的基础上，亦进行了一些尝试性的论证和探究，不揣浅陋，提出了一些个人看法，希望读者可对春秋战国铜镜文化有较为立体的了解，激发起对民族工艺、民族瑰宝的文化自信。